아이의 사회성

아이의 사회성

개정판 1쇄 인쇄 2018년 3월 8일
개정판 5쇄 발행 2022년 6월 15일

지은이 | 이영애
펴낸이 | 김동균
펴낸곳 | (주)DKJS
출판등록 | 2009년 11월 18일(제2009-000323호)
주소 | 서울특별시 강남구 강남대로 84길 23 1408-2호
전화 | (02)552-3243   **팩스** | (02)6000-9376
이메일 | information@dkjs.com

ISBN | 979-11-959777-2-7 (13590)

* 이 책의 내용을 무단 복제하는 것은 저작권법에 의해 금지되어 있습니다.
* 파본이나 잘못된 책은 구입하신 곳에서 교환해드립니다.
* 책값은 뒤표지에 있습니다.

이영애 지음

Sociability of My Children

아이의 사회성

나를 지키면서도 세상과 잘 어울리는 아이로 키우는 최고의 비법

지식플러스

개정판 서문

사람을 사람답게 만드는 사회성

몇 년 전 우리나라의 대표적인 바둑 기사와 인공지능 컴퓨터인 알파고가 대국을 했습니다. 많은 사람이 바둑은 둘 수 있는 수가 너무나 많은 창의적인 게임이라서 인간에게 유리하다고 확신하고 인간의 우승을 예상했지요. 그러나 예상과 달리 그 바둑대전은 4:1로 알파고의 승리로 끝나며 큰 충격을 안겼습니다. 심지어 일각에서는 인공지능 컴퓨터에 대한 우려의 목소리까지 나왔습니다. 그동안 인간만의 영역이라고 생각했던 '스스로 학습' 등을 딥러닝을 통해 컴퓨터도 할 수 있게 됐으니, 앞으로 인간만이 할 수 있다고 주장할 수 있는 영역이 줄어들 것이라고 염려하기 시작한 것이지요. 이에 몇몇 연구자들은 앞으로 없어질 직업, 계속 유지될 직업을 예측하기도 했습니다. 최근에는 "○○야~ ○○음악 틀어줘"라고 말하면 그대로 실행하는 인공지능 기계까지 등장해서 앞으로는 인공지능 컴퓨터가 놀이와 말을 주고받는 친구 역할까지도 대신하게 되는 것은 아닐까 하는 염려도 생겼습니다.

그렇다면 이런 시대에 정말 우리에게 필요한 것은 무엇일까요? 이럴 때일수록 인간을 가장 인간답게 만드는 것을 찾아 잘 가꿔서 인공지능을 스마트하게 활용하는 지혜가 필요할 텐데, 그것이 과연 무엇일까요? 이 답을 찾기 위해 20년 동안 임상현장에서 상담해왔던 많은 아동, 청소년, 부모님의 목소리를 떠올려봤습니다. 저를 만났던 내담자들이 간절히 원했던 것은 바로 '있는 그대로 존중받으면서 제대로 사랑받고 사랑을 주고 싶다'는 것이었습니다. 내담자들 모두 이 욕구가 해결되지 않을 때 마음속에 여러 가지 어려움이 생기고 행동에 문제가 생기곤 했습니다.

'나와 남을 제대로 알고, 그것을 기반으로 서로를 존중하고 사랑을 주고받는 것'을 한마디로 요약하면 바로 사회성입니다. 마음이라는 깊은 샘에서 공감과 나눔이라는 물을 길어 올리는 건 인간만이 할 수 있는 고유 영역이므로 사회성이야말로 인간을 가장 인간답게 만들 수 있는 고귀한 가치와 능력이 될 것입니다. 또한 우리가 다른 사람과 관계만 잘 맺어도 삶의 불행감이 감소하고 자살 같은 극단적인 선택으로 스스로를 몰아가지 않게 될 것입니다. 그러므로 사회성을 제대로 이해하고 사회성이 건강하게 발달할 수 있도록 환경을 조성해주는 것은 아동뿐 아니라 청소년과 성인 모두에게 중요한 과제라고 할 수 있지요.

이 책에는 오랜 시간 동안 상담을 하면서 만난 내담자들의 생생한 목소리가 담겨 있습니다. 그리고 인간을 가장 인간답게 만들어주는 사회성을 어떻게 이해하고 발달시킬 수 있을지에 대한 고민과 그 결과도 함께 담았습니다. 자녀를 낳고 키우는 과정 속에서 아이의 행동이 이해되지 않아 당황스러울 때, 건강하게 사랑받고 또 건강하게 사랑을 주는 아이로 키우고 싶은데 그 방법을 잘 모를 때, 실제로 또래관계에 어려움이 생겨서 이를 어떻게 해결하면 좋을지 막막할 때, 이 책이 여러분에게 도움이 되기를 소망해봅니다.

이영애

프롤로그

세상과 어울리지 못해
상처받는 아이가 줄어들기 바라며

얼마 전이었습니다. 밤에 글을 쓰고 있는데 갑자기 컴퓨터에서 퍽 소리가 나더니 화면이 검게 변해버렸습니다. 더 이상 작업을 할 수 없는 상황이었지만 기계를 다루는 데는 소질이 없어서 그저 컴퓨터를 두드려보거나 껐다가 다시 켜는 행동만 반복했습니다. 그러다가 결국 가까운 후배에게 전화를 걸어 도움을 요청했습니다. "아! 그거 램이 빠져서 그런 거예요. 컴퓨터 케이스를 열고 램을 뺐다가 다시 끼면 돼요." 후배는 아주 명쾌한 해결책을 내려줬습니다. 그러나 컴퓨터 안을 아무리 들여다봐도 뭐가 램인지 도통 알 수가 없었습니다. 한참을 끙끙대다가 다시 전화를 걸자 후배는 "그럼 컴퓨터 내부를 찍어서 휴대전화로 보내주세요. 어떤 게 램인지 알려드릴게요"라고 말했습니다. 우여곡절 끝에 컴퓨터 내부 사진을 찍어 보냈고 후배는 램이 있는 위치에 동그라미 표시를 해서 다시 사진을 보내줬습니다. 덕분에 컴퓨터는 고쳐졌고 무사히 작업을 마칠 수 있었습니다.

이 일을 경험하면서 사람 마음도 컴퓨터 안처럼 속 시원히 들여다볼 수 있다면 얼마나 편할까 하는 생각을 해봤습니다. 만약 사람에게 마음을 컨트롤할 수 있는 장치들이 있어 "이 부분이 문제이니 한번 뺐다가 다시 끼워보세요"라는 식의 간단한 처방을 할 수 있다면 정말 명쾌할 것입니다. 상담센터에 방문하는 부모님들 중에도 간혹 이런 초단기적 처방을 원하는 분들이 계십니다. 상담센터를 한번 방문하기만 하면 모든 문제를 다 해결할 수 있을 거라고 기대했다가 실망한 표정으로 돌아가시는 분들도 있습니다.

하지만 '열 길 물속은 알아도 한 길 사람 속은 알 수 없다'는 속담이 있듯 사람의 마음은 평생 탐험해도 완전히 알 수 없는 미지의 세계입니다. 단 한 번의 상담만으로는 그 사람을 알 수도 없고, 문제를 해결하기란 더더욱 어렵습니다. 특히 성인과는 다른 방법으로 의사소통하는 아이들의 마음은 알 것 같다가도 모르겠는 알쏭달쏭한 영역입니다. 그동안 많은 전문가들이 아이들의 마음에 대해 설명해놓은 양육 관련 서적들을 봐도 부모들은 당장 눈앞의 아이가 하는 행동을 이해할 수 없어 속수무책일 때가 많습니다. 도대체 아이가 왜 그런 행동을 하는지 이해도 안 되고, 그때마다 어떻게 대처해야 할지 당황스럽기만 합니다. 책의 설명은 그야말로 이론일 뿐, 현실에 적용하기에는 너무 먼 것처럼 보입니다.

그러나 방법은 있습니다. 우선, 아이의 마음을 진정으로 이해하려는 노력이 필요합니다. 아이의 행동을 이해하려면 아이가 아동기에 겪는 여러 가지 발달과정을 정확히 숙지하고 있어야 합니다. '아, 이 시기에는 아이가 떼를 많이 쓸 수밖에 없겠구나' 하는 사실만 알아도 아이의 행동이 이해되고 아이 키우는 일이 한결 수월해집니다.

이렇게 여러 고비를 넘기면서 아이를 키우다가 아이가 어느 정도 자라면 부모님이 점점 초점을 맞춰가는 부분이 있는데 바로 사회성입니다. 사회성이란, 마음이 건강할 때 잘 발휘되는 능력입니다. 사회성은 아이의 건강함을 증명하는 바로미터이기 때문에 아이를 키우는 부모라면 관심을 가질 수밖에 없습니다. 특히 최근 들어 집단따돌림을 당하다가 자살 등 극단적인 행동을 취하는 아이들이 속출하고 있습니다. 이로 인해 더 이상 공부만이 성공을 보장하는 절대조건이 아니라는 사회적 분위기가 형성되면서 사회성의 중요성이 더욱 부각되고 있습니다.

아이를 키우는 부모라면 사회성이 무엇이고, 나이에 따라 어떻게 발달하며, 어떤 방법으로 사회성을 키워줘야 하는지 관심을 가져야 합니다. 사회성은 또래와의 관계에도 영향을 미치지만 성격 형성과 학습능력에도 큰 영향을 미칩니다. 이 책을 통해 부모님들이 아이의 사회성 발달에 도움을 줄 수 있는 다양한 방법과 역할을 고민해보는 계기를 마련하면 좋겠습니다. 또한 사회성 부족으로 상처받는 아이가 한 명이라도 줄어들 수 있기를 소망합니다.

차례

개정판 서문 — 사람을 사람답게 만드는 사회성　　　　　　　　004
프롤로그 — 세상과 어울리지 못해 상처받는 아이가 줄어들기 바라며　　007

PART 1　사회성이 아이의 행복과 성장을 결정한다

- 사회성은 인간 발달의 종합선물세트다　　　　　　　　　019
- 사회성은 관계를 맺고 유지하는 능력이다　　　　　　　　021
- 사회성은 남을 이해하는 마음의 힘이다　　　　　　　　　024
- 사회성은 배우고 연습한 만큼 성장한다　　　　　　　　　027

PART 2　단계별로 자라나는 아이의 사회성

- 0~만 2세, 나와 남을 구분하기 시작하는 영아기　　　　　036
  - 영아기에 사회성의 기반이 다져진다　　　　　　　　　037
  - 뿌리가 튼튼해야 쉽게 흔들리지 않는다　　　　　　　　039
  - 사회성 자질을 튼튼히 하기 위하여　　　　　　　　　　042

- 만 3~6세, 사회성 발달의 황금기인 유아기　　　　　　　046
  - 사회성이 급격하게 발달하는 시기　　　　　　　　　　047
  - 친사회적 행동이 나타난다　　　　　　　　　　　　　　048
  - 사회성의 기둥을 만들기 위하여　　　　　　　　　　　055
  - 사회성 발달을 위한 바람직한 아빠의 역할　　　　　　061
  - **Counseling**　"아이와 아빠의 관계가 별로 좋지 않아요."　065

- 만 6세 이상, 사회성이 본격적으로 발휘되는 아동기　　　070
  - 아동기에 사회성이 꽃을 피운다　　　070
  - 친구들의 평가가 중요해진다　　　071
  - 사회성 가지치기와 다듬기를 위하여　　　073
  - 지나친 심리적 통제는 후폭풍을 몰고 온다　　　074

PART 3　사회성을 둘러싼 6가지 키워드

Keyword 1　성격 발달의 기초, 기질　　　078
- 기질은 사회성의 예언자다　　　079
- 기질과 양육태도의 조화가 중요하다　　　083
- 기질에 맞는 양육이 아이의 사회성을 결정한다　　　085
- 기질에 따른 사회성 발달 맞춤 전략　　　087
- **Counseling** "우리 아이 기질이 도저히 이해가 안 돼요."　　　092

Keyword 2　정서적 유대감의 기본, 애착　　　103
- 애착이 있어야 안심하고 세상과 교류할 수 있다　　　104
- 안정적 애착이 즐거운 어울림을 이끈다　　　106
- 나와 타인을 이해하는 비밀지도　　　108
- 세상을 향해 돌진하게 하는 든든한 배경　　　111
- 안정된 애착관계로 사회성을 키우기 위하여　　　113
- 아이의 마음을 사로잡는 놀이　　　116
- **Counseling** "애착에 뭔가 문제가 있는 것 같아요."　　　120

Keyword 3   이해와 공감의 기둥, 정서지능   129
- 인생의 성공을 예언해주는 정서지능   130
- 영유아기의 정서 경험은 뇌에 새겨진다   133
- 정서조절 능력은 안정된 관계 속에서 싹튼다   135
- 생각과 마음 사이의 균형 잡기   137
- 다른 사람의 마음을 읽고 이해할 수 있는 힘   140
- 자기표현을 잘해야 사회성이 자란다   143
- 정서지능 발달을 위하여   145

Counseling   "감정표현을 적절한 방식으로 못해요."   151

Keyword 4   너와 나의 행복 울타리, 자기조절 능력   161
- 다가설 때와 물러설 때를 알려주는 기준   161
- 갈등을 조화롭게 해결할 수 있는 힘   164
- 나와 타인의 욕구 사이에 교집합 만들기   165
- 책임감을 갖고 행동을 조절하게 하는 힘   167
- 자기조절 능력 발달을 위하여   169

Counseling   "뭐든 제멋대로만 하려고 해요."   172

Keyword 5   나를 나답게 해주는 힘, 자존감   186
- 자존감을 지탱하는 세 기둥   187
- 자신과 주변 사람들을 사랑하는 힘   190
- 자존감은 세상을 보는 안경이다   192
- 자존감이 있어야 다른 사람을 이끌 수 있다   194
- 자존감 발달을 위하여   195
- 자존감을 키워주는 놀이 원칙   198

Counseling   "고집이 세거나 주눅 들어 있어요."   205

| Keyword 6 | 행동을 조절하는 내적 기준, 도덕성 | 211 |

　도덕성 없는 사회성도 없다　　　　　　　　　　213
　도덕성은 나이에 따라 발달한다　　　　　　　　214
　도덕적 잣대보다 이유가 중요하다　　　　　　　217
　아이는 행동을 보고 배운다　　　　　　　　　　218
　도덕성 발달을 위하여　　　　　　　　　　　　　219
　　Counseling "자꾸 못되고 미운 짓을 해요."　　　226

PART 4　우리 아이 사회성 키우기 프로젝트

- 부모의 양육태도를 점검하라　　　　　　　　　234
- 친사회적인 행동을 보여줘라　　　　　　　　　236
　바깥세상을 경험시켜라　　　　　　　　　　　237

- 홈그라운드의 이점을 활용하라　　　　　　　　240
- 형제관계를 최대한 활용하라　　　　　　　　　242
　　Counseling "형제끼리 너무 싸워요."　　　　248

- 내 아이의 강점과 약점을 파악하라　　　　　　259
- 놀이를 활용해 단계별로 접근하라　　　　　　　262
- 친구 사귀는 법을 가르쳐라　　　　　　　　　　268
- 관계를 유지하는 법을 가르쳐라　　　　　　　　273
- 집단따돌림에 대처하기　　　　　　　　　　　　276

- 사회성이 높은 아이 vs. 낮은 아이　　031
- 0세~만 2세, 사회성 발달과정　　044
- 사회적 놀이 발달단계　　058
- 엄마와 아빠, 역할의 차이점　　060
- 아빠와의 놀이 방법　　064
- 또래관계 발달과정　　072
- 순한 아이 vs. 까다로운 아이　　082
- 기질이 까다로운 아이 훈육법　　086
- 까다로운 아이를 대하는 9가지 훈육지침　　091
- 안정 애착관계 vs. 불안정 애착관계　　105
- 애착 발달과정　　119
- 나이에 따른 정서 발달단계　　142
- 정서지능이 높은 아이 vs. 낮은 아이　　144
- 아이에게 사용할 수 있는 감정 단어　　148
- 자존감이 높은 아이 vs. 낮은 아이　　189
- 자존감과 자존심의 차이　　193
- 내 아이의 자존감 점검해보기　　198
- 자존감을 높이는 칭찬의 원칙　　204
- 도덕성의 7가지 덕목　　212
- 아이의 사회성을 키우는 5가지 방법　　239
- 울음으로 모든 것을 해결하는 아이 지도하기　　267
- 사회성 교육에 도움이 되는 다양한 방법　　271
- 아이들이 좋아하는 행동 vs. 싫어하는 행동　　274
- 놀림받을 때 유용한 말대답　　280

PART 1

사회성이 아이의 행복과 성장을 좌우한다

오랜 기간 아이들과 청소년 그리고 부모를 만나오면서 그들의 마음속에 있는 어려움에 대해 들었습니다. 그때마다 거의 빠지지 않고 드러나는 문제가 바로 사회성입니다. 특히 최근 들어서는 사회성 문제로 어려움을 겪고 있는 청소년들이 부쩍 늘었습니다. 대화를 하다 보면 "사실은요…… 제가 어릴 적부터 왕따를 당해왔거든요. 그게 너무 힘들어요"라고 고백하는 아이들이 의외로 많습니다.

　중학교 1학년 입학을 앞두고 있던 현수는 싸움을 하는데 손과 발이 제대로 움직이지 않는 악몽을 자주 꾼다면서 상담센터를 찾아왔습니다. 현수는 초등학교 4학년 때부터 아이들에게 맞기 시작했고 5학년 때는 집단구타까지 당했습니다. 그 뒤로도 같은 일이 반복되자 자살하려고 아파트 옥상까지 올라갔다가 용기가 없어서 그냥 내려오기도 했습니다. 중학교 진학을 앞두고 현수는 초등학교에서 받던 시달림을 또

당하게 될까 봐 전전긍긍하면서 악몽을 꾸고 있는 것입니다.

현수의 경우처럼 사회성 문제는 어느 날 갑자기 드러나는 것이 아닙니다. 일반적으로 사회성에 문제를 보이는 아이들은 영유아기 때부터 사람들과의 관계 맺기에 어려움을 겪어온 경우가 많습니다. 그러다가 좀 더 본격적인 인간관계가 이뤄지는 학교생활이 시작되면서부터는 여러 가지 문제가 팝콘 튀듯 한꺼번에 튀어나오게 됩니다. 이런 아이들은 대개 '낯가림이 심하다', '아는 사람을 만나도 엄마 뒤에 숨는다', '인사를 하지 않는다', '엘리베이터 안에서 사람들이 예쁘다고 쳐다봐도 화내고 울어버린다', '유치원에 가지 않으려고 한다', '유치원에서 항상 혼자 논다', '친구가 집에 오면 빨리 가라고 소리 지른다', '친구가 때려도 가만히 있는다' 등등의 평가를 받습니다.

안타깝게도 상황이 심각한데도 그저 어린애라서 그러려니 하고 아이를 방치해두는 경우가 많습니다. 이런 특징을 보이는 아이들은 불안, 우울과 같은 정서적인 문제를 함께 일으키기도 합니다. 게다가 학년이 올라갈수록 아이가 겪는 어려움은 더 많아집니다. 이렇게 사회성에 문제가 생길 때 아이들이 고통받는 이유는 인간은 사람들 속에서 관계를 맺고 사랑을 주고받으면서 살아가야 행복해지는 존재이기 때문입니다. 사람과 관계를 맺고 유지하기 힘들다면 하루하루 숨 쉬는 것조차 고통이 될 수 있습니다. 우리가 아이의 사회성에 주목해야만 하는 이유가 바로 여기에 있습니다.

다행히도 이런 사회성은 가지고 태어나는 것이 아닙니다. 부모와 주변 사람들의 노력 여하에 따라 사회성은 성장할 수 있습니다. 그렇다면 사회성의 출발점은 어디일까요? 바로 부모입니다. 아이들은 부모와의 상호작용을 토대로 관계를 맺고 유지하는 방법을 알아가고, 이 방법을 다른 사람들에게 확대 적용합니다. 부모와 원만한 상호작용을 주고받으며 성장한 아이는 다른 사람들과도 조화를 잘 이루며 살아갑니다.

그러나 부모와 상호작용을 제대로 주고받지 못한 아이들은 다른 사람들과 관계 맺는 방법을 잘 모릅니다. 이처럼 사회성 발달의 첫 단추는 부모와의 관계 속에서 시작됩니다. 부모는 아이가 '사회적 인간'으로 건강하게 잘 자랄 수 있도록 튼튼한 뿌리를 만들어주고 좋은 열매를 맺을 수 있도록 도와줘야 합니다.

아이가 진정으로 행복해지기를 원합니까? 그렇다면 사회성이란 무엇이고, 아이의 사회성이 어떤 과정을 통해 발달하는지 알아봐야 합니다. 사회성이 아이의 원만한 인간관계와 인생을 결정하는 핵심 키워드이자 행복으로 이끄는 지름길이기 때문입니다.

사회성은 인간 발달의 종합선물세트다

상담센터에 오는 부모들은 대부분 이렇게 말합니다. "공부 잘하는 것은 원하지 않아요. 그냥 아이가 행복하게 다른 아이들과 잘 어울려 살면 좋겠어요." 이 말은 '공부가 중요하지 않다'는 뜻이 아니라 사회성을 더 중요하게 생각한다는 강력한 표현일 것입니다.

사회성이란 사회의 기준에 맞게 행동하고, 성격이 원만해 남과 충돌 없이 지내고, 다른 사람과 쉽게 사귀고, 친구가 많으며, 집단생활과 사회적 활동에 즐겁게 참여하는 정도를 말합니다. 이 정의에 따르면, 사회성이란 한 가지 영역이 아닌 다양한 영역에서의 조화로운 발달이 전제되어야 합니다. 사회의 기준에 자신을 잘 맞추기 위해서는 무엇보다 조절 능력과 도덕성이 발달돼야 하고, 원만한 성격을 위해서는 기본적으로 부모와 안정된 애착관계가 이뤄져야 하고, 다른 사람과 건강한 관계를 유지하기 위해서는 상대의 마음과 상황을 이해하는 정서

능력이 발달돼야 하며 자존감이 제대로 발달되어 있어야 합니다.

이렇게 각 영역이 골고루 잘 발달된 아이들은 자신의 행동이 다른 사람들에게 어떤 영향을 미치는지 잘 알고, 의사소통 능력 및 갈등조정 능력이 좋고, 리더십이 있어서 상대와의 관계를 존중하고 잘 어울립니다. 다시 말하면 사회성이 높은 아이는 대인관계가 원만해 새로운 환경에 잘 적응하지만, 사회성이 낮은 아이는 사회생활을 기피하고 수줍어하는 행동을 하게 됩니다.

이렇게 생각해볼 때, 사회성은 한 가지 맛으로만 결정되는 일품요리가 아니라 다양한 음식이 조화를 이루는 수랏상이라고 볼 수 있습니다. 다양한 상품이 골고루 들어 있는 종합선물세트라고도 할 수 있습니다. 필요할 때 골라서 쓸 수 있는 상품들이 조화롭게 들어 있는 종합선물세트처럼 사회성은 아동기 때 이뤄져야 하는 각각의 발달과제들이 조화를 이루며 만들어내는 결과물인 것입니다. 따라서 내 아이의 사회성에 문제가 있다면 사회성에 영향을 미치는 각각의 발달과제를 하나씩 점검해볼 필요가 있습니다.

사회성은 관계를 맺고 유지하는 능력이다

학교에서 집단따돌림을 받았던 호영이는 4학년이 돼서도 여전히 친구들과 어떻게 지내야 할지 몰라 힘든 나날을 보내다가 상담센터에 왔습니다. 상담을 시작하기 전에 아이에게 심리평가를 실시했습니다. 앞 문장을 제시해주고 뒤 문장을 완성하도록 요구하는 검사였는데 호영이는 다음과 같이 적었습니다.

내가 가장 행복할 때는 **혼자 있을 때**.
나는 친구가 **이해가 되지 않는다**.
우리 엄마는 **이해가 되지 않는다**.
대부분의 아이들은 **이해가 되지 않는다**.
우리 아빠는 **이해가 되지 않는다**.
여자애들은 **이해가 되지 않는다**.

호영이는 자신을 둘러싼 모든 사람들이 이해되지 않았기 때문에 사람들과 함께 어울리기보다는 혼자 있는 시간이 더 행복했던 것입니다. 호영이뿐 아니라 또래관계에 어려움이 있는 아이들은 다른 아이들이 자신을 싫어한다고 생각합니다. 선생님도 공부를 잘하거나 잘생긴 아이만 편애한다고 생각하고, 심지어 대부분의 아이들은 나쁘고 잔인하며 자신을 만만하게 본다는 피해의식까지 갖고 있습니다.

물론 많은 아이들이 힘들 때 이러한 피해의식을 보이고 친구관계에 어려움을 겪지만 대부분은 포기하지 않고 관계를 잘 맺어보려고 나름대로 애쓰고 노력합니다. 그러나 사회성 발달에 큰 어려움을 겪고 있는 아이들은 아무런 노력도 하지 않으며 관계를 더욱 악화시키곤 합니다. 친구를 간절히 원하면서도 관계를 맺는 데 서툰 아이들도 있습니다. 이런 아이들은 친구들과 놀다가 자기 마음대로 안 되면 자주 다툼을 일으킵니다. 엄마에게 친구를 불러달라고 떼를 써놓고는 막상 친구가 오면 혼자서 놀거나 자기 장난감은 만지지도 못하게 해 결국 친구가 그냥 집으로 가버리는 경우도 있습니다. 돈으로 친구를 사귀려는 아이도 있습니다. 친구들에게 먹을 것을 사주려고 엄마 지갑에서 돈을 꺼내가기도 하고, 친구들 사이에서 유행하는 딱지를 주면서 친구를 사귀어보려고 애를 쓰지만 친하게 지내는 친구가 없습니다. 과거에 집단따돌림을 당한 아이들은 불안함 속에서 친구들의 눈치를 살피고 비위 맞추기에 급급하다 보니 자기표현이나 자기주장이 서툽니다. 이런 아이들을 만나보면 상담시간 내내 우울하다며 힘든 마음을 토로하곤 합니다.

사회에서 사람들과 잘 어울리기 위해서는 관계를 맺는 방법도 중요하지만 관계를 잘 유지하는 것도 중요합니다. 아이가 또래관계에 지속적인 어려움을 겪고 있다면 그것은 다른 친구들의 역할을 받아들이지 못하고, 다른 친구들의 생각에 공감하지 못하고, 다양한 상황에 적절하게 행동하는 기술이 부족하기 때문입니다. 협동하고, 도와주고, 나눠주고, 칭찬해주고, 공감해주는 친사회적인 행동을 보여야 관계가 유지될 수 있습니다. 공격하고, 무시하고, 놀리고, 화내고, 위협하는 행동은 모든 관계를 깨트립니다. 주변에 친구들이 없는 것이 당연합니다.

사회성은 한번 획득했다고 해서 끝이 아닙니다. 지속적으로 정성을 들이고 가꿔야 합니다. 따라서 부모는 사회성이 발달하는 아동기에 아이에게 지속적인 관심을 기울이고 사회성 형성에 도움이 되는 다양한 방법을 모색해야 합니다.

사회성은 남을 이해하는 마음의 힘이다

몸은 집과 학교를 열심히 오가고 있지만 마음은 천리만리 떨어진 외로운 섬에 있는 아이들, 사랑받고 싶고 어울리고 싶지만 선뜻 친구들에게 다가가지 못하는 아이들, 상처받기 싫어서 먼저 다가가는 것을 거부하는 아이들, 친구는 사귀고 싶지만 어떻게 해야 하는지 방법을 모르는 아이들, 왜 자신이 집단따돌림을 받는지 이해할 수 없고 반복되는 따돌림 때문에 죽고 싶을 정도로 우울한 아이들. 우리는 이런 아이들을 가리켜 사회성이 부족한 아이들이라고 부릅니다. 어떤 아이들은 아무 문제 없이 학교생활을 거뜬히 해내는데, 어떤 아이들은 왜 관계 속에서 상처받고 괴로워할까요? 다른 사람에 대한 관심이 부족하기 때문입니다. 다른 사람과 관계를 잘 맺기 위해서는 여러 가지 자질이 필요하지만 무엇보다 다른 사람에 대한 관심이 필요합니다.

올해 일곱 살인 지명이는 다른 아이와 자신의 의견이 맞지 않으면 유치원에서 소리를 지르며 화를 내고 심지어는 때리기까지 해서 친구들에게 인기가 없습니다. 학기 초에 반 이름을 정할 때도 고집을 피웠습니다. 다른 아이들은 모두 '노랑반'이 좋다고 하는데 혼자서만 "아니야, 파랑반!"이라고 고집을 부려서 공공의 적이 됐습니다. 지명이는 똘똘한 아이였지만 자신과 생각이 다른 친구들을 받아들이지 못하고 그때마다 스트레스를 받았습니다.

지명이를 보면 떠오르는 이야기가 있습니다. 나르시스라는 미소년 목동에 관한 이야기입니다. 많은 요정들이 구애를 했지만 나르시스는 그 누구도 사랑하지 않았습니다. 그런데 어느 날 양 떼를 몰고 호숫가를 지나던 나르시스는 우연히 호수에 비친 자신의 모습을 보게 됐습니다. 세상에! 그 물속에는 너무나도 아름다운 얼굴이 있었습니다. 나르시스는 호수에 비친 모습이 자신의 얼굴이라고는 꿈에도 생각하지 못하고 깊이 사랑한 나머지 결국 물속에 빠져 죽고 맙니다. 이는 그리스신화에 나오는 슬픈 사랑 이야기입니다. 자신을 사랑하느라 다른 사람을 쳐다볼 수도, 사랑할 수도 없었던 나르시스는 결국 죽음이라는 비극으로 인생을 마쳤습니다. 나르시스처럼 자신을 너무 사랑하는 자기애 증상을 나르시시즘이라고 합니다. 나르시스처럼 모든 관심이 자신에게만 집중돼 있는 사람은 다른 사람을 사랑할 수 없고 진정한 관계를 맺을 수 없습니다. 이런 사람들은 자신에게 도취돼서 다른 사람이 각자 자신의 빛으로 반짝인다는 사실을 받아들이지 못합니다. 사람들과 관계를 맺고 있다 해도 자기중심적인 사고 때문에 결국 관계를 깨트리거나 망가뜨립니다.

지명이가 친구들과 관계를 유지하지 못하는 것은 관심이 자기 자신에게만 가 있기 때문입니다. 물론 지명이는 아직 나이가 어려서 다른 사람의 마음을 이해하고 자신과 다른 생각을 받아들이고 협상하기 어려울 수 있습니다. 하지만 지나치게 자기주장만 하는 습관은 고쳐줘야 합니다. 우리가 여기서 주목해야 할 점은 지명이의 자기중심적 사고의 바탕에는 지나치게 아이에게 몰입하고 아이가 해달라는 것은 다 해주려고 노력했던 엄마의 양육태도가 자리 잡고 있었다는 점입니다.

부모가 아이를 과잉보호하거나 밀착된 관계를 너무 오래 유지하면 아이는 자신이 노력하지 않아도 일이 다 해결되기 때문에 애써서 다른 사람의 마음을 알려고 하지 않습니다. 또한 엄마와의 밀착된 관계는 아이로 하여금 '내가 엄마고 엄마가 바로 나'라고 생각하도록 만들어 엄마가 자신과 다른 생각을 할 수 있다는 것을 이해하지 못하게 만듭니다. 이런 환경에 익숙한 아이는 자신과 다른 생각을 갖고 있는 친구들을 이해하기 어렵습니다. 다른 사람의 마음에 관심을 갖지도 않습니다. 따라서 부모는 아이와 적절한 거리를 유지하면서 생활해야 합니다. 아이는 부모에게 속한 존재가 아닙니다. 반드시 독립된 존재로 키워야 하고 필요할 때는 좌절도 경험하게 해야 합니다. 이런 과정이 있어야 아이는 나르시스처럼 자신만을 사랑하는 가여운 사람이 되지 않고 주변 사람들을 이해하면서 건강한 관계를 맺어나갈 수 있습니다.

사회성은 배우고 연습한 만큼 성장한다

일본에는 '코이'라는 비단잉어가 있습니다. 이 잉어를 작은 수족관에 넣어두면 5~8센티미터로 자라지만, 큰 수족관이나 연못에 넣어두면 15~20센티미터로 자라고, 강물에 넣어두면 90~120센티미터나 자란다고 합니다. 환경에 따라 달리 성장하는 이 물고기 이야기는 우리 아이들에게도 적용될 수 있습니다.

아이들을 과소평가하고 작은 수족관에 넣어두면 성장에 한계가 있지만, 아이를 믿고 더 많은 기회를 주면 아이는 자신의 꿈을 활짝 펼쳐나갑니다. 그러나 안타깝게도 많은 부모가 아이에게 필요한 환경을 잘 모르거나 오해하는 경우가 많습니다. 부모가 안전하고 편안하다고 생각하는 환경이 정작 아이에게는 좁고 답답한 작은 수족관이 될 수도 있습니다. 부모는 최선을 다했다고 생각하지만 결과는 예상치 못한 상황으로 나타나는 것입니다. 다음은 부모의 오해에서 비롯된 잘못된 노력으로 인해 아이가 상처받고 사회성 발달도 제대로 이루지 못한 사례들입니다.

초등학교 3학년인 동민이는 엄마 지갑에서 몰래 돈을 꺼내 쓰다가 발각되어 상담센터에 왔습니다. 동민이는 친구들에게 먹을 것을 사주고 유행하는 카드를 사주기 위해 엄마 지갑에서 몰래 돈을 꺼낸 자신의 행동이 잘못됐다는 것을 상담을 통해 알게 됐습니다. 동민이는 친구들과 친하게 놀고 싶고 인기도 많으면 좋겠는데 자신은 얼굴도 못생기고 공부도 못해서 친구들이 자신을 좋아하지 않는다고 생각했습니다. 그래서 친구들이 좋아하는 것을 사주고 관심을 얻으려 했던 것입니다. 동민이 엄마는 아이의 사회성을 길러주기 위해 어릴 때부터 친구들을 집으로 많이 초대했는데 그때마다 동민이가 친구들에게 양보도 하지 않고 자기 마음대로 하려고 해서 혼내고 때리기도 했다고 합니다.

유치원에 가지 않으려고 매일 떼를 쓰는 통에 상담센터에 온 수정이는 어른들과는 큰 문제 없이 잘 지내는데, 이상하게 또래들과는 잘 어울리지 못하고 주변을 빙빙 돌거나 혼자 떨어져 놀곤 했습니다. 수정이 엄마도 조용한 성격이라 동네 아줌마들과 어울리는 걸 좋아하지 않아 수정이가 어릴 때부터 거의 집에서 아이하고만 시간을 보냈습니다. 당연히 엄마와 함께 지내는 수정이도 바깥출입을 자주 하지 않게 되면서 또래와 어울릴 기회가 별로 없었습니다. 그 대신 수정이 엄마는 아이에게 책도 많이 읽어주고 함께 놀이를 하면서 잘 지냈습니다. 그런데 집에서는 아무 문제가 없던 수정이가 유치원에 가야 할 시기가 되면서 적응에 어려움을 겪기 시작했습니다.

　이처럼 부모의 잘못된 양육방식 때문에 아이에게 문제가 발생할 수 있습니다. 친구들과 어울려 놀 기회는 많이 만들어줬지만 그 시간을 제대로 활용하지 못하고 오히려 아이를 혼내는 시간으로 바꿔버린 동민이 엄마와 집에서는 최선을 다해 아이와 시간을 잘 보냈지만 다른 친구들과 만날 수 있는 기회를 주지 못했던 수정이 엄마는 자신도 모르게 아이들을 작은 어항 속에 가둬놓고 키우고 있었던 것입니다. 동민이 엄마와 수정이 엄마의 질문은 똑같았습니다. "저는 아이를 위해 최선을 다했어요. 그런데 아이가 왜 이럴까요?" 그러나 아이를 키우면서 최선을 다하지 않는 엄마는 없습니다. 모두 자기 나름대로 열심히 아이를 키운다고 생각합니다. 하지만 자신의 교육방식이 아이에게 맞는지 점검해보는 엄마는 그리 많지 않습니다.

　아이의 사회성을 키워주고 싶다면 부모의 경험과 생각만이 정답이라고 여겨서는 안 됩니다. 사회성은 교육과 수많은 경험을 통해 습득된다는 특징이 있습니다. 사회성을 가르칠 때 엄마의 관점에서 계속 혼을 내거나 나쁜 아이 취급을 하면, 아이는 자신감을 잃고 사람들과의 관계가 자신을 괴롭고 힘들게 한다고 생각하게 됩니다. 그래서 다른 사람들과 함께 있는 것을 싫어하고 억울함과 분노만 쌓아두게 됩니다.

　아이에게 사회성을 가르칠 때 부모가 잊지 말아야 할 중요한 점이 있습니다. 그것은 사회성이 책 또는 언어를 통해서만 학습되지 않는다는 것입니다. TV에서 "춤을 책으로 배웠습니다"라면서 엉뚱하게 춤을

춰서 주위 사람들을 경악시키는 재미있는 CF를 본 적이 있습니다. 사회성을 책으로만 배운다면 아이들은 어떻게 될까요. 다양한 상황에서 사람들과 어울려야 할 때, 자신의 마음을 말로 표현해야 할 때, 다른 사람의 의도를 파악해야 할 때 매우 어색하고 부적절하게 행동해 주변 사람들을 깜짝 놀라게 할 수 있겠지요. 논리나 이론도 중요하지만 그것만으로는 사회를 다 배울 수 없습니다. 동민이 엄마처럼 아이의 사회생활에 너무 엄격하게 개입해서도 안 되고, 수정이 엄마처럼 아이가 사회성을 직접 경험하면서 연습할 수 있는 기회를 주지 않아도 문제가 됩니다. 사회성은 배운 만큼 그리고 그것을 인간관계 속에서 연습한 만큼 좋아집니다. 이 점을 꼭 기억해야 합니다.

Tip 사회성이 높은 아이 vs. 낮은 아이

사회성이 높은 아이는 다른 사람들과 협력하는 방법, 타협하는 방법, 원만하게 의사소통하는 방법을 알고 있습니다. 사회성이 낮은 아이와는 다음과 같은 차이를 보입니다.

사회성이 높은 아이	사회성이 낮은 아이
• 사교적이다. • 친절하다. • 상호작용을 잘하고 관계를 잘 유지한다. • 협동적이다. • 관용적이다. • 공격적인 모습을 보이지 않는다. • 태도가 긍정적이다. • 분쟁이 있을 때 협상하는 기술이 있다. • 우호적이다. • 사려 깊다. • 규칙을 잘 지킨다. • 사회적 상황을 잘 파악한다. • 또래활동에 적극적으로 참여한다. • 따뜻하고 유머감각이 있다.	• 수줍고 위축된 모습을 보인다. • 말이 적다. • 놀이집단에 잘 끼어들지 않는다. • 또래들을 괴롭히거나 화나게 만든다. • 다른 아이들을 지배하거나 통제하려고 한다. • 비협조적이다. • 또래활동을 비판하고 방해한다. • 화를 잘 내고 거절을 많이 한다. • 상대방의 감정을 제대로 이해하지 못한다. • 친구의 의도를 잘못 해석한다. • 폭력적인 행동을 보인다. • 매우 민감하고 걱정이 많다. • 자존감이 낮다. • 스스로를 방어하는 기술이 부족하다. • 남의 말을 듣기보다는 자기 말만 한다. • 부정적인 생각을 많이 한다.

PART 2

단계별로 자라나는 아이의 사회성

처음부터 훌륭한 사회성을 갖고 태어나는 아이는 없습니다. 아이들이 성장하는 동안 사회성도 함께 발달합니다. 일반적으로 인간의 발달단계는 크게 영아기, 유아기, 아동기, 청소년기, 성인기, 노년기로 나뉘는데 사회성은 영유아기 때 기초가 닦이고 아동기를 거쳐 꽃피고, 그 뒤 조금씩 수정, 보완되면서 개개인마다 고유한 특성으로 자리 잡습니다.

　영유아기 때 사회성의 기초가 잘 닦이면 이를 토대로 본격적으로 관계에 적응하는 아동기를 거치면서 사람들과 함께 사는 즐거움을 만끽하고 편안한 생활을 해나갈 수 있습니다. 그러나 영유아기 때 사회성의 기초가 제대로 닦이지 않으면 쓸데없는 일에 과도한 에너지를 사용하게 되어 스트레스를 받고 삶의 질이 저하됩니다. 유치원, 학교, 더 나아가서는 사회생활에 제대로 적응하지 못하고 사람들과 어울리는 일을 힘들어하게 됩니다. 그러므로 사회성의 기초가 형성되는 영유아기는 어느 때보다 중요한 시기입니다. 부모는 이 시기에 아이의 사회성이 제대로 형성될 수 있도록 역할을 다해야 합니다.

　사회성은 다양한 환경 및 사람들과의 상호작용을 통해 계속 변화하고 발전합니다. 사회성이 제대로 발달하지 않아서 아동기를 힘겹게 보낸다 해도, 격동의 시기인 청소년기에 많은 성장이 이뤄지기도 합니다. 그 후 성인기에도 변화의 기회는 있습니다. 이처럼 사회성은 처음부터 갖고 태어나는 고정된 특성이 아니라 어떻게 갈고닦느냐에 따라 달라지는 유동적 특성을 갖습니다. 그러므로 각 시기마다 사회성이 어떻게 발달하는지 이해하고 아이의 성향에 맞게 사회성이 잘 발달되도록 지도하는 일이 중요합니다.

0~만 2세, 나와 남을 구분하기 시작하는 영아기

사람만큼 의존기간이 긴 존재가 또 있을까요? 동물은 태어나자마자 걸을 수 있지만 사람은 제대로 걷는 데만 꼬박 1년이라는 시간이 걸립니다. 울음이 아닌 단어로 자신의 의사를 표현하는 데도 1년 이상의 시간이 걸리지요. 어른처럼 능숙하게 자기표현을 하려면 최소 5년이라는 시간이 흘러야 합니다. 이렇게 아이가 사람 꼴이 되어가는 데에는 많은 시간이 걸리기 때문에 성장도 조금씩 이뤄집니다.

태어나서 만 2세까지의 영아기 아이들에게서 보이는 가장 큰 변화는 수동적인 존재에서 적극적인 존재로 성장하고 발달한다는 것입니다.

영아기에 사회성의 기반이 다져진다

만 1세

아이가 엄마 뱃속에 있다가 드디어 세상에 그 모습을 드러내는 순간은 참으로 경이롭고 감동적입니다. 이를 지켜보는 아빠도, 아이를 출산한 엄마도 눈물을 감추지 못합니다. 하지만 아이는 아직 상황 파악이 잘되지 않을뿐더러 자신과 타인을 구별하기 어렵습니다.

태어나서 2개월까지는 그런 상태가 유지되다가 생후 5~6개월이 되면 조금씩 자신과 다른 사람을 구분하기 시작합니다. 이 시기의 아이들은 다른 사람의 얼굴을 구분해서 알아보고 자신에게 익숙한 사람에게만 선택적으로 반응하며 사회적 미소를 짓기 시작합니다. 바로 이 미소가 주변 사람들의 반응과 관심을 유도하며 사회적 교류를 하게 만드는 역할을 합니다. 좀 더 성장해서 생후 6개월이 되면 자신과 비슷한 또래에게 관심을 갖기 시작하면서 다른 영아를 만나면 미소를 짓거나 손으로 만지고 옹알이를 하기도 합니다. 이 시기에 아이는 친숙한 사람과 낯선 사람을 구별하고 다르게 반응합니다.

7개월이 되면 엄마나 돌봐주는 사람에게서 반응을 이끌어내기 위해 손과 발을 적극적으로 사용하고, 좀 더 가까이 접촉하려는 행동을 보입니다. 생후 8~12개월이 되면 부모를 쳐다보고 말도 하는 등 상호작용 기술을 사용하기 시작합니다. 10개월쯤부터는 까꿍 놀이 같은 단순한 사회적 놀이를 할 수 있게 됩니다. 만 1세쯤 되면 아이는 부모의 목소리나 동작을 모방하기도 하고 다른 사람과의 상호작용도 더 많이 하게 됩니다.

만 2세

만 1세가 지나면서 아이들은 좀 더 본격적으로 사회성 형성을 위한 기반을 다집니다. 만 1세가 되면 걸을 수 있어서 자신이 원하는 대로 이동할 수 있고, 그동안 울음이나 웃음으로만 의사표현을 했다면 이제 몇 가지 단어를 사용하기도 합니다.

그러나 이 시기에도 자신과 다른 사람을 명확하게 구분하지는 못하기 때문에 자신의 뜻대로 안 되는 것을 받아들이지 못합니다. 사회성이 발달하려면 타인과 나를 명확히 구분할 줄 알아야 하고 다른 사람이 나와 다른 생각을 할 수 있다는 것을 알고 받아들여야 합니다. 아이가 엄마 또는 자신을 돌봐주는 몇몇 친숙한 사람 이외에 다른 사람에게도 관심을 돌리고 관계를 맺기 위해 하는 노력은 만 1세가 지나면서 서서히 이뤄집니다.

아이가 13~18개월이 되면 당장 눈앞에 엄마가 보이지 않아도 어딘가에 엄마가 있을 거라는 대상영속성(object permanence, 존재하는 물체가 어떤 것에 가려져서 보이지 않더라도 그것이 사라지지 않고 지속적으로 존재하고 있다는 것을 아는 능력) 개념이 서서히 발달합니다. 이는 매우 중요한 개념으로서 이것이 형성돼야 아이는 엄마와 분리된 자신을 받아들이고 자신과 다른 사람을 구별할 수 있게 됩니다. 이처럼 다른 사람과 분리된 존재로서 자신을 인식하게 되는 자아개념이 생기기 시작하면서 아이는 엄마뿐 아니라 다른 사람에게도 관심을 돌립니다.

생후 14개월 전까지는 다른 사람에게 관심을 갖지 않지만 그 이후에는 자신에게 잘해주는 이모와 삼촌도 따르고, 또래 아이들에게도 관심을 갖습니다. 생후 19~24개월이 되면 자아개념이 점점 더 발달하면서 드디어 다른 사람의 감정도 느끼고 다른 사람의 행동도 모방하기 시작합니다. 또한 자기 때문에 다른 사람이 화를 내거나 슬퍼할 경우 그 사람을 위로하고 도와주거나 장난감을 주는 등 관계를 위한 행동도 합니다. 태어나서 다른 사람을 인식조차 못했던 아이가 만 2년 만에 다른 사람을 위로할 수 있을 만큼 놀라운 성장을 하는 것입니다.

이 시기에는 사회성 발달의 중요한 통로인 놀이도 시작하는데, 아직은 다른 사람과 관계를 맺는 것이 미숙하므로 혼자 말하고 노는 단독놀이를 하는 경우가 많습니다. 옆에서 놀고 있는 또래 아이를 쳐다보고 관심을 갖기도 하지만 상호작용은 하지 않는 병행놀이 수준으로 놀이가 이뤄집니다. 상호작용이 별로 없는 놀이를 하기 때문에, 장난감이나 자신의 물건을 다른 친구들과 나누기 어렵습니다. 이 시기의 사회성은 형태는 갖추고 있되 아직 내용은 충분히 채워지지 않은 단계라 할 수 있습니다.

뿌리가 튼튼해야 쉽게 흔들리지 않는다

아이에게 거울 같은 부모 되기

출생 후 1세까지의 아이들은 1차적으로 부모나 자신을 돌봐주는 사람과의 관계를 통해 사회성의 뿌리를 만들어나갑니다. 아이에게 사회성을 제대로 심어주고 싶은 부모라면 무엇보다 아이를 따뜻하게 보살피고 아이가 필요로 하는 것을 즉각 알아차려 원하는 만큼 충분히 채워줘야 합니다. 또한 아이의 적극적인 접촉 행동에 그때그때 반응하며 상호작용을 해줘야 합니다. 예를 들어, 아이가 부모를 쳐다보며 뭔가 말하고 싶어 하는데, 엄마가 아무 반응을 하지 않거나 너무 오랜 시간 혼자 있게 내버려두면 아이는 거울로 삼을 만한 대상이 없어져 자신과 타인을 구분하지 못할뿐더러 적극적인 상호작용을 시도하는 데 많은 어려움을 겪게 됩니다.

아이를 출산하고 지친 상태에서도 엄마가 아이에게 깊이 몰입할 수 있는 것은 모성애 덕분입니다. 모성애는 하늘이 노래지는 출산의 아픔 속에서도, 몸이 회복되는 기간 동안의 고통 속에서도, 아이에게 몰입하고 집중할 수 있게 해줍니다. 그런데 한 연구결과가 흥미롭습니다. 아이 출생 후 빠른 시간 내에 아이와 접촉한 엄마가 좀 더 늦게 접촉한 엄마보다 더 많이 아기를 어루만져주고 달래주는 등의 애착행동을 보인다고 합니다. 이는 아빠의 경우에도 동일하게 적용되는데, 아이의 출생을 직접 봤거나 빠른 시간 안에 아기를 안아본 아빠가 아이에게 더 많이 마음을 쓰고 애정을 표현한다고 합니다. 생물학적 모성애와 부성애의 질이 출산 이후 아이와의 접촉 시기에 따라 달라질 수 있다는 의미입니다. 질 높은 모성애와 부성애는 아이에 대한 몰입도를 높여서 이 시기 아이들에게 반드시 필요한 양육자의 민감성(즉각성)을 키워줍니다. 이를 통해 양육자는 아이에게 건강한 사회성의 뿌리를 만들어줄 수 있습니다.

엄마의 건강이 곧 아이의 발달이다

엄마의 산후우울증으로 또래와 함께 놀지 못하고 혼자 놀이를 하는 아이들이 있습니다. 아이를 향한 엄마의 민감성(즉각성)을 방해하는 대표적 증상이 바로 산후우울증입니다. 대부분의 산모들은 아기를 출산한 후 대략 6개월 정도는 가벼운 산후우울증을 앓습니다. 그러나 이 기간이 길어지거나 증상이 심각해질 경우, 엄마는 아이를 키우는 일에 많은 어려움을 겪습니다. 설상가상으로 주변에서 엄마를 도와주는 사람도 없다면 아이는 엄마에게서 아무런 반응을 얻지 못해 상호작용의 즐거움을 경험할 수 없습니다. 산후우울증이 심한 엄마의 아이는 사회성 발달은 물론 언어 발달까지도 지연될 수 있습니다.

이처럼 산후우울증은 아이의 사회성 발달뿐 아니라 다른 발달에도 부정적인 영향을 미칠 수 있으므로 엄마는 빨리 회복하려고 노력하는 자세가 필요합니다. 산후우울증을 너무 심각하게 생각할 필요는 없습니다. 아이를 낳은 사람이라면 누구에게나 올 수 있는 자연적인 현상이므로 시간이 지나면 극복될 수 있다는 믿음을 가져야 합니다. 하지만 증상이 심해지거나 기간이 길어진다면, 적극적으로 주변 사람들의 도움을 받아야 합니다. 이 시기 엄마의 건강은 아이의 전반적인 발달과 직결된다는 것을 명심해야 합니다.

사회성 자질을 튼튼히 하기 위하여

부모의 민감한 대응이 사회성을 키운다

아이가 만 2세가 되면 부모에게 절대적으로 의존하던 습성에서 벗어나 조금씩 독립하려는 모습을 보이기 시작합니다. 그리고 이때부터 엄마 품을 떠나 조금씩 세상을 향해 발걸음을 옮깁니다. 자신은 엄마와 분리된 존재라는 자아개념이 생겨나면서 자신과 다른 사람을 구분할 수 있게 됩니다. 또한 다른 사람의 감정에도 관심을 갖기 시작해 위로도 하고 자신의 것도 나눠줍니다. 이때 아이가 다른 사람의 정서에 잘 반응할 수 있도록 하는 방법이 있습니다. 아이 스스로 정서와 관련된 경험을 충분히 할 수 있도록 도와주는 것입니다.

만 2세가 되면 여러 가지 감정이 생겨나면서 좀 더 다양한 감정을 경험하게 됩니다. 그러나 아직 자신의 감정을 분명하게 인식하거나 말로 표현하는 데는 서투릅니다. 만 2세 무렵의 아이들은 겨우 두 가지 정도의 단어를 사용해 간단한 문장을 만드는 수준이기 때문에 말로 자신의 감정을 분명하게 표현하기 어렵습니다. 그러다 보니 화가 나면 물건을 던진다든지 엄마를 때리는 등의 행동으로 자신의 감정을 표현합니다. 이때 엄마가 아이의 마음을 알아차리고 "화났구나"라고 말해주면 아이들은 그제야 자신의 감정이 무엇인지 정확히 알게 됩니다.

감정의 상호작용 경험이 많은 아이들은 다른 사람의 감정도 쉽게 알아차리고 세련된 방법으로 상대의 감정에 반응합니다. 엄마의 정서적 반응을 많이 경험한 아이들은 다른 사람과 물건을 나눠 쓰거나,

도와주거나, 위로하는 등의 이타적인 행동도 무리 없이 잘합니다. 사회성의 건강한 뿌리를 만들어주고 싶다면 엄마나 주 양육자가 아이의 정서적 표현에 민감하게 반응하고 이를 말로 잘 표현해줘야 합니다. 이를 통해 아이의 사회성 뿌리가 견고해집니다.

양보에 대한 지나친 강요는 금물

이 시기의 아이들은 다른 아이들과 어울리기만 하면 싸움을 하기 십상입니다. 또래에 대한 관심은 생겼으나 아직 자신의 것을 나누고 양보하기가 쉽지 않기 때문입니다. 상담센터에 오는 일부 부모는 아이가 다른 아이들의 장난감을 자주 빼앗고 심지어는 때리거나 할퀴고 물어뜯어서 데리고 다니기가 너무 힘들다면서 다른 사람에게 피해를 주는 아이로 자랄까 봐 혼도 많이 내고 때리기도 했다는 이야기를 종종 합니다. 심지어는 아이를 데리고 다니면 스트레스를 너무 많이 받아서 가능한 한 외출을 삼가는 경우도 있다고 말합니다. 그러나 이런 걱정은 지나친 면이 있습니다. 이 시기의 아이들은 또래에 대한 관심이 생기고 친사회적 행동도 보이기는 하지만 아직 사회성이 완성된 단계는 아닙니다. 좌충우돌하고 갈등을 일으키는 것이 당연합니다.

이 시기 아이들에게 양보와 배려에 관해 가르칠 수는 있으나 심한 강요는 오히려 역효과를 불러일으키기도 합니다. 지나친 강요는 마치 걷는 것밖에 할 수 없는 아이에게 뛰라고 하는 것과 같습니다. 그러면 아이는 주눅이 들어 눈치를 살피거나 분노를 다스리지 못해 공격적인 행동을 보이기도 합니다. 반대로 무조건 양보하거나 상대가 자신을 괴롭혀도 제대로 방어하지 못하는 아이로 자라기도 합니다. 따라서 부모는 아이의 눈높이에서 아이를 바라봐야 합니다. 아이 입장에서는 힘든 문제를 무조건 윽박질러서 고치려 하지 말고 조금씩 연습을 시켜서 건강한 특성으로 자리 잡을 수 있도록 도와줘야 합니다.

 Tip 0세~만 2세, 사회성 발달과정

	성인에 대한 반응	또래에 대한 반응
3개월	• 사람 목소리에 반응한다. • 사회적 미소를 짓는다.	• 없다.
4개월	• 안아주기를 바란다. • 낯을 가린다. • 어른들의 보살핌에 반응하여 웃는다.	• 또래에게 관심을 갖기 시작한다.
5~6개월	• 미소와 꾸짖음에 다르게 반응한다. • 낯익은 사람을 보면 웃고, 낯선 사람을 보면 무서워한다.	• 접촉하려는 행동을 보인다. 쳐다보고, 손을 내밀고, 만지는 등의 행동을 한다. • 다른 영아들의 머리카락이나 옷을 잡아끌면서 호기심을 나타낸다.
7~9개월	• 까꿍 놀이를 모방한다. • 어른을 따라서 손뼉을 치며 짝짜꿍 놀이를 하거나 "빠이빠이" 하면서 손을 흔든다.	^
12개월	• "안 돼"라고 말하면 손을 움츠리고 행동을 멈춘다. • 어른들에게 장난감이나 물건을 건넨다. • 친숙한 사람을 껴안고 톡톡 치고 입을 맞춘다. • 어른 옆에서 15~20분 동안은 혼자 놀 수 있다.	9~13개월 • 다른 영아들의 행동과 소리를 모방하고 처음으로 장난감을 갖고 논다.

	성인에 대한 반응		또래에 대한 반응
24개월	• 성인들에게 점점 더 큰 관심을 갖고 행동을 모방하려는 강한 욕구를 보인다. • 목욕을 하거나 옷을 입는 등 단순한 활동은 성인과 협력해서 할 수 있다. • 어떤 행동이나 물건을 보여주기 위해 다른 사람을 끌어당긴다. • 웃음을 유발하거나 관심을 끌 행동을 반복한다. • 어른에게 책을 읽어달라고 건넨다.	13~18 개월	• 장난감에서 다른 영아나 큰 아이에게로 관심이 옮겨가면서 이전보다는 덜 싸우고 더 잘 어울려 논다.
			• 다른 아이 옆에서 장난감을 가지고 놀기는 하지만 별개의 행동을 하면서 놀이를 한다. • 다른 아이와 2~5분간은 차를 밀거나 공을 굴리는 등의 놀이를 한다. • 잘 아는 또래 아이에게 인사를 한다. • 2세 또는 3세의 또래 아이들과 함께 논다.

만 3~6세, 사회성 발달의 황금기인 유아기

영아기를 벗어나 유아기로 접어들면 보다 급진적으로 발달이 이뤄집니다. 신체뿐만 아니라 인지, 언어, 정서 등 다양한 영역이 소용돌이치며 발달하는 유아기에는 사회성 또한 가파른 발달을 보입니다. 시기적으로 이러한 변화를 겪기 때문에 유아기의 아이들도 상담센터를 많이 찾습니다.

특히 아이가 어린이집이나 유치원을 다니기 시작할 무렵 사회성 문제가 두드러지게 나타나는데, 때로는 선생님들이 상담센터 방문을 권유하기도 합니다. 아이들을 놀리고 때리고 심지어는 선생님까지도 놀리는 아이, 유치원에서 친구들과 거의 말을 하지 않고 어울리지 않는 아이, 무조건 자신이 먼저 하고 이겨야 만족하고 지는 상황을 참지 못해서 울분을 터뜨리는 아이, 한 친구만 독차지하려는 아이, 친구들에게 혼자만 관심 있는 이야기를 해서 대화가 되지 않는 아이, 의도적으로 한 친구를 따돌리는 아이……. 이런 아이들이 대부분 선생님의 권유로 상담센터를 찾습니다. 유아기의 사회성은 어떻게 발달하기에 아이들에게 이런 다양한 문제가 생기는 것일까요.

 사회성이 급격하게 발달하는 시기

일반적으로 만 3~6세는 사회성과 도덕성에 대한 지식이 급격하게 발달하는 시기입니다. 이 시기의 유아들은 사회적 접촉을 어떻게 하고, 또래들과 어떻게 어울려야 하는지에 대해 배우고, 어떤 행동이 사회적으로 좋은 행동인지도 알게 됩니다. 또한 친구들과 어떻게 놀이를 해야 하는지, 친구와의 우정은 어떻게 쌓아가야 하는지도 배웁니다. 이 시기에는 다른 사람의 관점을 받아들이고, 함께 나누고, 감정을 조절하고, 갈등을 해결하고, 성역할 등 다른 역할에 대해서도 이해하고, 다른 사람을 돕는 방법 등 사회성에 필요한 대부분의 기술이 형성되고 습득되어 자리를 잡습니다. 유아기는 사회성 발달과정에서 매우 중요한 시기입니다.

만 3세

만 3세가 되면 아이들은 자신의 성별에 대해 알게 되고 남자와 여자를 구분할 수 있습니다. 그러나 또래 아이들과는 아직도 나란히 앉아서 따로 노는 병행놀이를 주로 합니다. 또한 이 시기부터 공격적 행동이 나타나는데 언어 발달이 완벽하지 못해서 주로 신체적인 공격을 하게 됩니다. 친구관계에서는 질투심을 보이는 등 변덕스러운 행동을 하기도 합니다.

만 4세

만 4세가 되면 아이들은 성별이 한번 정해지면 바뀔 수 없다는 것을 알게 됩니다. 이때부터는 이성보다는 동성 친구를 더 좋아하고 아이들과 역할놀이를 시작합니다. 만 3세 때부터 나타나기 시작한 공격적인 행동이 가장 많이 나타나면서 친구들 사이에서 끊임없는 분쟁이 일어나기도 합니다. 그러나 다른 사람을 돕는 행동도 함께 발달합니다.

만 5세

아이들은 만 5세가 되면 우정을 키워갑니다. 이 시기에는 친구가 생기고 놀이도 함께 하는데, 규칙을 정해서 하는 놀이도 할 수 있게 됩니다. 다행히 자신의 감정을 행동보다는 말로 표현하기 시작하는 시기라서 공격적인 행동도 줄어듭니다. 만 5세가 되면 언어가 급격하게 발달해서 비로소 성인처럼 말할 수 있게 됩니다.

친사회적 행동이 나타난다

아이들은 유아기에 들어서면서 점차 친사회적인 행동을 합니다. 다른 아이들과 힘을 합쳐 문제를 해결하는 등 협동심을 기르고 상대의 마음을 이해하고 위로하며 자신의 것을 기꺼이 나누기도 하면서 대인관계의 폭을 넓히고 발전시켜나갑니다.

유아기에 발달하는 친사회적 행동

① **협동심** 상담센터에 오는 부모 중에는 아이가 자기 것은 절대 남에게 주지 않으려 하면서 남의 것은 잘 뺏는다면서 주변의 눈치가 보여서 밖에 데리고 나가고 싶지 않다고 말하는 분들이 계십니다. 그러면 저는 "지금 아이가 만으로 몇 살이지요?"라고 묻습니다. 대부분은 "이제 막 세 살 됐어요"라고 하십니다. 심지어는 "이제 두 살 조금 넘었어요"라고 대답하는 부모도 있습니다. 이때 제가 "에구, 이제 세상 빛을 본 지 3년도 안 됐네요"라고 말하면 민망한 듯 웃으시곤 합니다. 그제야 아이가 아직 어리다는 것을 깨닫는 것이지요. 이처럼 아이들의 문제행동을 다룰 때는 가장 먼저 아이의 나이를 살펴야 합니다.

그렇다면 과연 몇 살이 돼야 다른 아이들 물건을 빼앗지 않고 함께 사이좋게 놀 수 있을까요? 적어도 만 4~6세 정도는 돼야 가능합니다. 아이들은 만 3세부터 서서히 경쟁적 행동을 시작하고 만 4~6세가 되면 경쟁심이 절정에 이릅니다. 이 시기의 아이들은 서로 물건을 빼앗고 다른 아이의 감정이나 생각을 무시하고, 자신의 물건은 손도 못 대게 하는 등의 행동을 많이 합니다. 하지만 한편으로는 다른 사람에게 칭찬을 듣기 위한 행동을 하기도 합니다. 따라서 부모는 아이가 착한 행동을 하면 격려해주고 스스로 아이에게 훌륭한 거울이 될 수 있도록 노력해야 합니다. 아이는 부모와의 관계에서 사회생활의 기초를 배워나가기 때문입니다.

② 다른 사람 마음 이해하기 다른 사람의 생각과 마음을 이해하는 조망수용 능력이 점점 발달해가면서 어려움에 처한 친구를 도와주거나 돌봐줍니다. 다른 사람의 얼굴 표정을 통해 그 사람이 무슨 생각을 하고 있는지 이해하는 능력이 점점 더 발달하면서 상대방 입장에서 느끼고 생각할 수 있게 됩니다. 이러한 능력은 사회성 발달에 매우 중요한 토대가 됩니다.

③ 나눌 수 있는 마음 유아기에는 자기 것을 지키려는 마음과 함께 나누고자 하는 마음이 동시에 발달합니다. 그러므로 자신의 물건에 집착하는 행동을 그리 걱정할 필요는 없습니다. 시간이 지날수록 점점 이러한 행동은 줄어들고 친구들과 함께 나누면서 사이좋게 지냅니다. 또한 이런 과정을 통해 다른 사람을 위해 무엇인가를 할 수 있게 됩니다.

이처럼 유아기는 사회성에 필요한 여러 가지 기본 행동이 발달하는 중요한 시기입니다. 그러나 발달단계의 특성상 친사회적 행동을 방해하는 요소도 함께 자리 잡고 있으니 유의해야 합니다.

친사회적 행동 발달을 방해하는 특성들

유아기에는 일반적으로 반항적 태도, 공격적 에너지, 힘에 대한 욕구, 자기중심성, 좋은 것과 나쁜 것을 확실하게 구분하는 태도 등의 특성이 나타납니다. 이러한 특성은 아이들에게 사회적인 행동을 가르치고 키워주는 데 걸림돌이 되는 비사회적인 행동입니다. 그러나 유아기 아이라면 누구에게든 나타나는 일반적인 행동이라 할 수 있습니다.

① **반항적 태도** 마음껏 걸을 수 있고 어느 정도 자신의 의견을 말할 수 있는 시기가 되면 아이들은 서서히 부모 말을 듣지 않습니다. 이 시기에는 "싫어" 또는 "안 해"라는 말을 입에 달고 살고 부모가 지시하는 행동은 하지 않으려고 합니다. 이런 반항적 태도는 만 2세부터 시작돼 만 3~6세에 이르면 최고조에 달합니다. 발달과정상 나타나는 자연스러운 행동이지만 반항적인 행동이 심해서 부모와 다툼이 일어나고 아이를 다루기가 힘겹다면 부모가 지나치게 엄격하고 자율성을 보장해주지 않는 양육태도를 지니지는 않았는지 의심해봐야 합니다. 아이의 이러한 행동이 계속 이어진다면 반항장애로까지 진행될 수 있습니다.

② **공격적 에너지** 이 시기의 아이를 키우고 있는 부모라면 한시도 가만히 있지 않고, 높은 곳에서 뛰어내리고, 엄마 목을 타고 오르내리고, 허공을 향해 기합소리를 내면서 발길질을 하는 아이의 모습을 쉽게 관찰할 수 있을 겁니다. 친구들과도 과격하게 놀다 보니 서로 말다툼

하고 때리는 행동이 나타나기도 합니다. 이런 공격적인 에너지는 특히 남자아이들에게서 보이는데, 지극히 정상적인 현상이며 이 에너지를 제대로 조절해주기 위해서는 아빠의 부드러운 훈육이 필요합니다. 가장 효과적인 방법은 아이와 몸으로 놀아주면서 자연스럽게 힘을 어느 정도로 사용해야 하는지 알게 해주는 것입니다.

부모의 이러한 훈육 아래 아이가 언어로 충분히 자신의 의견을 말할 수 있는 만 5세가 되면 공격적 에너지가 행동으로 표출되는 일은 줄어듭니다. 그러나 이 에너지가 관계 속에서 제대로 조절되지 않으면 엄마에게 발길질을 하거나, 심지어는 엄마 뺨을 때리기도 합니다. 또래 친구들에게도 단순한 말다툼을 넘어 때리고 발로 차는 등의 공격적인 행동을 하게 됩니다. 이런 행동이 심하다면 전문가의 도움을 받아야 합니다.

③ 힘에 대한 욕구 이 시기의 아이들은 강력한 힘으로 모든 것을 지배하고 싶어 하고, 무엇이든 자신이 제일 잘하고 싶어 하고, 자기 마음대로 하고 싶어 하는 욕구를 갖고 있습니다. 이런 욕구가 강한 아이들은 엘리베이터를 탈 때도 자기가 제일 먼저 타려고 하고 버튼도 자신이 누르기 전에 다른 아이가 누르면 화를 내기도 합니다. 유치원 버스도 1등으로 타야 하고, 간단한 게임을 할 때도 지면 울고불고 난리가 납니다. 놀이를 할 때도 자신이 원하는 놀이를 다른 친구들이 따라서 하도록 강요해서 싸움이 일어나기도 합니다. 집에서 아빠가 오랜만에 큰마음 먹고 아이와 놀아줄 때도 10분도 안 돼서 큰소리가 나고 울고

소리치는 진풍경이 벌어지기도 합니다.

　유아기 연령대의 아이라면 누구나 이런 욕구를 갖고 있지만 부모와의 관계 속에서 잘 조절돼야 합니다. 자신의 욕구를 조절하는 법을 배우지 못하면 당장 어린이집이나 유치원에서 친구들과 어울리지 못하는 등 관계 맺기에 어려움을 겪게 됩니다.

　④ 자기중심성 "우리 애가 너무 이기적이에요. 자기 생각만 해서 어떨 때는 얄미워요." 이런 말을 하는 부모들이 있습니다. 그러나 유아기 아이들의 발달과정을 잘 모르고 하는 말입니다. 장 피아제(Jean Piaget)라는 발달심리학자는 유아기의 아이들을 '인지적 이방인'이라고 불렀습니다. 이 시기의 아이들은 어른처럼 생각하지 못하기 때문에 어른 입장에서 보면 도무지 이해가 되지 않는 것이지요. 그중 대표적인 특성이 바로 '자기중심성'입니다. 이 시기 아이들은 모든 초점이 자기 자신에게 맞춰져 있습니다. 그래서 엄마에게 줄 선물을 살 때도 엄마가 무엇을 좋아하는지 생각하지 못하고 자신이 좋아하는 것을 선물하지요.

　아이들의 자기중심성은 이기주의와는 다른 개념입니다. 다른 사람이 자신과 다른 생각과 느낌을 가질 수 있다는 조망수용 능력이 아직 충분히 발달하지 않았기 때문에 발생하는 일반적 특징입니다. 그러나 부모가 아이를 과잉보호하고 지나치게 밀착돼 있으면 이런 특성이 더욱 강화되어 다음 발달단계로 나아가지 못하고 정말 '이기적인 아이'로 성장하게 됩니다.

⑤ 좋은 것과 나쁜 것을 확실하게 구분하는 태도 이 시기의 아이들에게는 자신과 다른 것, 예쁘지 않은 것, 익숙하지 않은 것을 쉽게 받아들이지 못하는 경향이 있습니다. 그래서 자신과 조금만 달라도 "너는 왜 자꾸 눈을 깜빡거려?" 또는 "너는 왜 코가 그렇게 생겼어?"라는 질문을 서슴없이 하고 이런 아이들을 멀리하려고 합니다.

유치원에 다니는 여섯 살 민영이는 놀이치료실에 오면 항상 예쁘고 멋진 장난감만 갖고 놀려고 합니다. 예를 들어 공주 인형의 모습이 자신의 마음에 들지 않으면 "넌 공주인데 왜 이렇게 못생겼어?" 하면서 인형을 멀리 던져버립니다. 그러고는 '못생겼기 때문에 쫓겨났다'고 설명합니다. 똥 모형이나 귀신, 괴물처럼 무서운 장난감을 보면 싫어합니다. "이 방에서는 아이들이 기분 좋은 마음도 표현하지만 싫고 화나는 마음도 표현해야 하는데 그때 이런 못생기고 무섭고 더러운 장난감이 필요한 거야"라고 설명해도 귀담아듣지 않습니다.

민영이는 친구들과 잘 어울리지 못하고 잘못한 부분을 지적하면 화를 내고 잘 받아들이지 않아 상담센터에 왔습니다. 민영이처럼 예쁜 것과 예쁘지 않은 것을 명확하게 구분하면서 예쁘지 않은 것을 멀리하려는 태도는 이 시기 유아들에게서 흔히 나타나는 특징 중 하나입니다. 하지만 이런 특성이 심할 경우, 다른 사람에게 지나친 호불호를 갖게 될 뿐만 아니라 자신의 단점을 지적하는 것을 받아들이지 못해 인간관계에서 여러 가지 힘든 일을 겪을 수 있습니다.

그러나 다행히도 아이들은 성장하면서 통합된 관점을 갖게 됩니다. 아이가 세상을 건강하게 바라보게 하려면 모든 것을 좋은 것과 나쁜 것으로 구분하거나, 나쁜 아이와 좋은 아이로 나눠 상벌을 주거나, 과정이 아닌 결과 위주로 판단하는 식의 훈육 방법은 피하는 것이 좋습니다.

사회성의 기둥을 만들기 위하여

영아기가 사회성 발달을 위한 뿌리를 만드는 시기라면 유아기는 튼튼한 기둥을 만드는 시기입니다. 이 시기에 형성된 사회성은 이후에도 크게 변화되지 않으므로 부모의 각별한 지도가 필요합니다. 사회성 발달에 있어서 유아기는 매우 중요한 시기입니다.

생후 3년, 엄마와의 관계가 중요하다

유아기의 사회성 발달과정에서는 엄마의 양육태도가 가장 중요한 역할을 합니다. 태어나서 3년 동안 엄마가 아이와 좋은 관계를 맺었다면 아이는 다른 사람과도 비교적 좋은 관계를 맺어나갈 수 있습니다. 이는 아이가 엄마와의 관계에서 서로 만족을 얻을 수 있는 방법을 온몸으로 익혔기 때문입니다. 아이는 엄마와의 관계를 통해 상대의 말을 잘 들어주고, 마음을 알아주고, 배려하고, 협상하는 방법을 꾸준히 연습합니다. 그리고 이렇게 배운 것을 다른 사람들에게 활용합니다. 아이는 엄마와의 관계에서 배운 방법이 상대와 관계를 맺는 데 긍정적으로 작용하리라 기대합니다.

반면 엄마가 항상 혼만 내거나 무관심할 경우, 아이는 자신이 사랑받지 못하고 있다고 생각하며 속상해합니다. 그리고 이러한 속상함은 마음속 분노로 자리 잡습니다. 하지만 자신의 분노를 무서운 엄마에게는 차마 표출할 수 없어서 또래 친구들, 심지어 선생님에게 표출합니다.

또한 엄마가 일관성이 부족한 양육태도를 보이면 아이가 혼란스러움을 겪게 됩니다. 똑같은 행동을 했는데 어떤 때는 야단을 맞고 어떤 때는 아무렇지도 않게 지나간다면 아이는 앞으로 어떻게 행동을 해야 할지 판단할 수가 없습니다. 결국 아이는 변덕이 심하고 감정기복이 심한 아이로 자라고 다른 아이들에게서 믿을 수 없는 아이 취급을 받게 됩니다.

그러므로 엄마는 일관성 있는 양육태도를 보이고 무엇보다 아이와 안정된 관계를 맺어야 합니다. 이것이 바로 건강한 애착입니다. 특정한 사람과의 건강한 애착은 보다 다양한 사람과의 긍정적인 관계 형성에 도움을 줍니다.

구체적으로 보여주고, 경험시키고, 가르친다

사회성은 절대 말로만 가르칠 수 없습니다. 친구와 사이좋게 지내야 한다고 가르쳐놓고 엄마 아빠는 날마다 싸움을 한다든지, 화가 난다고 아이에게 아무 때나 신경질을 낸다든지, 이웃과 자주 싸우는 모습을 보여주면 아이는 사회성을 제대로 배우지 못합니다. 아이에게 누구보다 중요한 영향력을 미치는 엄마 아빠가 모범적인 사회 행동을 보여줘야 합니다.

이와 함께 아이에게 가급적 친사회적인 행동을 많이 경험시켜줘야 합니다. 아이의 이야기를 잘 들어주고, 이야기에 공감해주고, 자주 대화하고, 문제가 생기면 잘 협상해서 해결하도록 이끌어야 합니다. 이러한 과정을 통해 아이는 친사회적 행동을 직접 경험하게 됩니다. 이렇게 기본적인 관계 기술을 가정에서 자연스럽게 익히도록 한 후에는 구체적인 행동을 가르쳐야 합니다. 보여주고, 경험시키고, 가르치는 3단계 접근법을 잘 활용한다면 유아기 아이들의 사회성은 무럭무럭 자랄 것입니다.

놀이를 최대한 활용한다

놀이는 아이들의 생활이자 자기표현의 가장 자연스러운 통로이며 학습의 장입니다. 아이들은 놀이를 통해 성장하고 발달합니다. 저는 아주 오랫동안 많은 아이들을 만나왔지만 아직 "나는 놀기 싫은데 엄마가 자꾸 놀라고 그래요. 나는 공부만 하고 싶어요"라고 말하는 아이는 보지 못했습니다. 놀이에 대한 욕구가 없고 놀이를 즐기지 못하는 아이들은 문제가 있다는 증거입니다.

대부분의 아이들은 놀이를 통해 공격성을 조절하는 방법을 배우고, 다른 사람의 역할을 받아들이고, 다른 사람의 감정을 이해하고, 다른 사람과 의사소통할 수 있는 방법을 배웁니다. 따라서 놀이의 역할을 제대로 이해하고 올바르게 실천해야 합니다. 그런데 엄마는 놀이는 뒷전이고 기회만 되면 교육을 시키려고 합니다. 엄마가 모든 것을 다 계획해서 하는 놀이는 놀이가 아닙니다. 놀이는 놀이답게 즐겨야 합니다. 놀이를 통해 친구들의 생각을 듣고 이해하는 과정만으로도 아이의 사회성은 발달합니다. 그러므로 다른 아이들과 신나게 놀이를 할 수 있는 기회를 많이 제공해줘야 합니다. 놀이 속에서 다른 아이들과 교류하고 협상하는 방법을 자연스럽게 익힐 수 있기 때문입니다.

 Tip 사회적 놀이 발달단계

파튼(M. Parten)이라는 학자는 사회적 참여도에 따라 유아의 놀이를 6단계로 분류했습니다.

1단계 비몰입 행동	• 관심 있는 것을 쳐다보는 행동, 놀이는 아니다. • 관심이나 흥미가 없을 때는 자기 몸을 가지고 놀거나 왔다 갔다 하는 등 몸을 움직인다.
2단계 지켜보는 행동	• 무심코 아이들의 놀이 장면을 보는 것이 아니라 다른 아이들이 무엇을 하는지 관찰하면서 대부분의 시간을 보낸다. • 아이들에게 말을 시켜보기도 하지만 직접 놀이를 하지는 않는다.
3단계 단독놀이	• 혼자서 장난감을 갖고 놀이를 한다. • 다른 아이들이 무엇을 하든 상관하지 않고 자기 혼자 놀이를 한다.
4단계 병행놀이	• 다른 아이들이 갖고 노는 것과 비슷한 장난감을 갖고 놀이를 하지만 함께 놀지는 않는다. • 다른 아이들의 놀이에 상관하지 않고 그냥 옆에서 자신의 놀이를 한다.
5단계 연합놀이	• 다른 아이들과 함께 놀이를 한다. • 놀이 내용에 대해 서로 이야기를 주고받는다. 그러나 조직화되어 있지 않고 각자의 역할도 없다.
6단계 협동놀이	• 게임, 극놀이 등 어떤 결과를 얻기 위해 집단을 조직해 함께 놀이를 한다. • 아이들이 각자 역할을 나눠 협력한다.

아빠와 함께하는 시간 속에서 사회성이 싹튼다

최근 방영되고 있는 CF 중에 출근하는 아빠를 향해 엄마 품에 안긴 아이가 "아빠, 또 놀러오세요"라고 말하는 장면이 있습니다. 정말 오늘날을 살아가는 아빠들의 모습을 웃을 수도 울 수도 없게 표현한 명장면이라고 생각합니다. 그래도 예전에 비해서는 아빠의 양육참여도가 높아져서 친구 같은 아빠라는 뜻의 '홈대디', '프래디'라는 신조어가 만들어지기도 했습니다. 이런 현상은 자녀 입장에서는 매우 환영할 만한 일입니다. 특히 유아기 아이에게 엄마가 정서적인 친밀감을 갖는 존재라면 아빠는 외부와의 교류를 담당해주는 사람입니다. 아빠가 아이 양육에 적극적으로 참여할 경우 기대할 수 있는 장점이 많습니다.

① **전반적인 발달 촉진** 영국 옥스퍼드대학교에서 1958년에 태어난 아이 1만 7,000명을 대상으로 33세가 될 때까지의 발달과정을 추적한 결과, 아이의 발달과 교육에 적극적인 아빠를 둔 아이가 성적도 좋고 사회생활 및 결혼생활도 성공적인 것으로 나타났습니다. 마찬가지로 한국에서도 몇 년 전에 방영된 EBS 다큐프라임 〈아이의 사생활〉에 출연했던 아이들을 대상으로 자존감이 높은 아이와 낮은 아이들을 비교하는 몇 가지 실험을 했습니다. 이때 자존감이 높게 평가된 아이들은 공통적으로 아빠의 양육참여도가 매우 높았습니다.

이와 더불어 여러 연구에서 아빠의 높은 양육참여도가 지능 발달, 사회성 발달, 도덕성 발달 등 각 발달 영역에 긍정적인 영향을 미친다는 결과가 보고되고 있습니다.

② **행동 조절 효과** 아빠와의 관계를 통해 특히 남자아이는 공격적 욕구를 조절하고 통제할 수 있는 능력이 커집니다. 자기조절 능력의 기초 공사가 이뤄지는 시기인 만 7세까지의 아이들에게는 공격성을 외부에서 통제해줄 사람이 필요한데 이 역할을 바로 아빠가 담당해줄 수 있습니다. 아빠의 양육참여도가 큰 아이의 경우, 그렇지 않은 아이보다 자신의 행동을 잘 조절하는 경향이 있습니다. 이런 조절 능력은 사회성을 발달시키고 적용하는 데 있어서 매우 중요한 역할을 합니다.

③ **가족 전체로 번지는 나비효과** 아이의 주 양육자인 엄마의 수고를 아빠가 인정하고 칭찬하면 엄마는 양육에 대한 불안감이 감소하면서 자신감이 생겨 스스로를 능력 있는 존재로 받아들이게 됩니다. 엄마의 이러한 자신감은 아이에게 긍정적으로 작용합니다. 즉 아빠의 작은 날갯짓이 엄마에게로 전달되어 큰 바람을 일으키고 아이에게 전달될 때

Tip 엄마와 아빠, 역할의 차이점

	엄마	아빠
특징	융합되어 있는 내면 세상	새롭고 흥분된 바깥세상
관심 분야	대인관계, 지적·언어적 자극	독립심
기본 태도	정서적 지지, 양육과 보호	수단적, 능력적
훈육 태도	애정적, 양육적	처벌적, 제한적
놀이 태도	교육적, 정서적	신체적 놀이, 사회적 활동, 감각적·운동적 자극

는 태풍같이 강한 힘이 되어 긍정적 작용을 하는 것입니다. 이처럼 아빠의 양육참여도가 높은 경우, 아이는 정서적으로 좀 더 편안하고 안정된 모습을 보이며 사회성 발달에도 많은 도움을 받습니다.

④ **성정체성 확립** 진정한 의미의 성정체성은 상대와의 관계 속에서 확립됩니다. 여자아이는 아빠와 안정적이고 애정이 넘치는 관계를 지속적으로 맺어나갈 때 보다 건강한 여성성을 가질 수 있습니다. 남자아이는 아빠와의 관계를 통해 공격성을 조절하면서 자상한 남성성을 가질 수 있습니다.

⑤ **나이에 맞는 아이다움** 부모의 양육 참여는 건강한 부부관계를 만들고 아이에게는 안전한 보호망이 됩니다. 만일 보호망이 망가지면 아이는 심리적 불안을 겪게 되고 너무 일찍 어른들의 세계에 눈을 떠서 아이다움을 상실합니다. 아빠의 양육 참여는 아이가 그 나이에 맞는 모습으로 보다 진취적이고 세련되게 사회생활을 해나갈 수 있게 해줍니다. 아빠와의 놀이 또는 대화를 통해 아이의 사회성은 더 풍성해집니다.

사회성 발달을 위한 바람직한 아빠의 역할

사회성 발달을 위해 아빠는 다음과 같은 역할을 담당해야 합니다.

그림자 역할 No!

아빠가 양육 과정에서 그림자 역할밖에 하지 못한다면 엄마는 엄격한 아빠의 역할까지 떠맡게 됩니다. 이런 상태에서 아이는 말 안 듣는 떼쟁이로 성장할 가능성이 높습니다.

햇볕정책 Yes!

아빠는 아이와 좋은 관계를 유지해야 하지만 그에 못지않게 엄마에게도 공을 들여야 합니다. 아이뿐 아니라 엄마와 함께하는 시간도 비중 있게 할애해야 합니다. 이런 햇볕정책으로 인해 엄마는 좀 더 정서적이고 애정적인 양육을 할 수 있게 됩니다. 아빠가 엄마에게 신경을 쓰고 배려하면, 엄마가 아이에게 지나치게 집착하거나 남편에 대한 화를 아이에게 푸는 등의 행동이 조절되고 아이의 사회성은 보다 건강하게 성장할 수 있습니다.

든든한 중재자

아빠의 중요한 역할은 엄마와 아이가 건강하게 분리-개별화되도록 돕는 것입니다. 아이들은 엄마와의 관계에 몰입되어 있다가 만 2~3세가 되면 정서적으로 분리되고 개별적인 존재로 독립해 성장해야 합니다. 이때 아빠는 아이가 엄마와 분리돼도 좋은 관계를 계속 유지할 수 있다는 것을 증명해주는 증인이 돼야 합니다. 또한 엄마가 아이에게 너무 몰입하고 밀착되는 것을 조정해줘야 합니다. 이런 과정을 통해 아이는 자신이 엄마와는 다른 존재라는 것을 알게 되고 관계에서 생기는 갈등을 잘 견디고 해결할 수 있는 능력을 발휘하게 됩니다.

공격성 조절자

아빠는 남자아이들이 갖고 있는 공격적인 에너지를 놀이나 훈육을 통해 잘 조절해주는 역할을 해야 합니다.

함께하는 시간 늘리기

아이에게는 아빠와 함께 보내는 시간의 질도 중요하지만 양 또한 무시할 수 없습니다. 아이가 그 시간 속에서 자연스럽게 대인관계 기술을 익히기 때문입니다. 생각 혹은 마음만으로 아이를 양육하는 것은 의미가 없습니다. 실제로 시간을 투자해 아이와 적극적으로 시간을 보내야 아이의 사회성 발달에 도움이 됩니다.

긍정적이고 개방적인 의사소통하기

아빠와 편안하게 이야기를 나누는 가운데 아이의 사회성이 발달합니다. 아빠가 아이의 생각을 존중하고, 의견을 경청해주고 적절하게 지도하는 태도를 보일 때, 아이들은 보다 솔직하고 자연스럽게 자신의 감정과 생각을 이야기합니다. 아이들은 이렇게 아빠와 학습한 의사소통 기술을 다른 사람들과의 관계에도 그대로 적용합니다. 아빠와의 긍정적인 관계가 사회성 발달을 보장하는 것이지요. 그러나 아빠가 아이에게 부정적으로 반응하고 명령을 많이 할 경우, 아이들은 자신이 충분히 사랑받고 환영받지 못한다고 생각해서 위축되거나, 아빠의 부정적인 대화법을 다른 사람에게 적용하여 대인관계를 잘 맺기 어려울 수 있습니다.

 Tip 아빠와의 놀이 방법

몸으로 노는 놀이가 최상의 선물이다	이 시기에는 에너지가 넘치지만 행동이나 정서가 제대로 조절되지 않는다. 이 시기에 아빠가 해줄 수 있는 최상의 선물은 함께 몸으로 놀아주는 것이다. 이 과정을 통해 아이는 자연스럽게 자기조절 능력을 키워나간다.
몸으로 표현되는 아이의 마음을 빨리 알아차려라	이 시기의 아이들은 복잡한 심경을 스스로 알아차리지도 못하고 언어로 표현하지도 못한다. 그러므로 아빠는 생활 속에서 태도와 행동으로 드러나는 아이의 마음을 읽고 아이 대신 표현해줘야 한다.
아이가 싫어하면 빨리 멈춰라	유아기의 아이들과 놀이를 할 때 아빠들이 가장 많이 실수하는 부분이 있다. 바로 아이가 싫다고 하는데도 멈추지 않아 결국 아이를 울리는 것이다. 아이가 싫어하면 바로 멈춰야 한다. 이 과정을 통해 아이들도 상대의 마음을 이해하고 자신의 행동을 조절할 수 있게 된다.
아이가 좋아하는 놀이를 하라	아이와의 놀이에서 가장 중요한 원칙은 아이가 좋아하고 하고 싶어 하는 놀이를 함께 하는 것이다.
해도 되는 행동과 안 되는 행동을 꾸준히 가르쳐라	유아기는 자기조절 연습이 매우 중요한 시기다. 무턱대고 화내거나 혼내지 말고 꾸준히 반복적으로 가르쳐야 한다.

"아이와 아빠의 관계가 별로 좋지 않아요."

{ 아빠를 무서워하는 아이,
아빠에게 가지 않으려는 아이 }

 3학년 아들이 목소리 큰 아빠를 무서워해요. 아빠가 가까이 오는 것도 싫어합니다. 그러면서도 아빠랑 놀고 싶다고는 해요. 아빠가 바빠서 아이와 놀아줄 시간이 많이 부족하기는 합니다. 아빠와 애착관계가 잘 형성되지 않아서 그런 걸까요? 이런 상황이 지속되면 밖에서도 자기보다 힘 있는 사람을 무서워할까 봐 걱정됩니다.

아이가 이런 행동을 하는 데에는 몇 가지 원인이 있을 수 있습니다. 우선 다음 사항 중 해당되는 것이 있는지 점검해보세요.

① **아이가 청각이 예민한 편인가**

② **아빠에게 자주 크게 혼이 나거나 그런 경험이 있나**

③ **아들은 감성적인데 아빠는 무뚝뚝해서 아이의 감성적인 부분을 이해 못 하진 않나**

④ **아들이 엄마와 너무 밀착돼 있나**

⑤ 엄마, 아빠 사이가 좋지 않아 엄마가 평소 아이에게 아빠에 대한 부정적인 이야기를 하지는 않나

⑥ 아빠가 너무 바빠서 평소 거의 아이를 만나지 못하나

①에 해당된다면 아빠가 싫은 게 아니라 아빠의 큰 목소리가 무서운 것일 수 있습니다. 이럴 때는 아빠가 반드시 조금 작은 목소리로 아이와 상호작용을 해줘야 합니다. 그렇다고 항상 아이 앞에서 작은 소리로 말할 수는 없겠지요. 아이가 깜짝 놀라고 무서워하는 듯하면 그때를 놓치지 말고 목소리 톤을 낮추고 "이런, 미안. 목소리가 커서 놀랐지? 아빠가 다시 작게 말할게"라고 하면 됩니다. 예민한 청각은 생물학적 특징이므로 당분간은 아이에게 맞춰줘야 합니다.

②와 ③은 함께 고려해볼 수 있는데, 아이는 감성적인데 아빠는 그렇지 않다면 무심코 하는 행동에 아이가 상처받을 수 있습니다. 게다가 아빠가 크게 혼낸 적이 있다거나 남자답지 못하다는 이유로 혼냈다면 목소리를 핑계 삼아 아빠를 거부할 수 있습니다. 이럴 때는 엄마가 아들의 특성을 아빠에게 잘 설명해서 아이를 좀 더 섬세하게 대할 수 있도록 중재해줘야 합니다. 또한 아들에게도 "아빠가 ○○해서 너를 혼내는 것처럼 들렸지? 아빠는 그냥 크게 말한 건데, 네가 앞으로 오해하지 않도록 아빠한테 부드럽게 말해달라고 부탁해야겠다" 하는 식으로 잘 설명해주면 도움이 됩니다.

④, ⑤, ⑥ 역시 함께 고려해볼 수 있는데, 아빠가 바쁘거나 부부 사이가 나쁘면, 엄마는 아들과 밀착관계를 유지하게 됩니다. 그런데 이

런 밀착관계가 심할수록 아들은 엄마와 분리돼 아빠와 친밀하고 좋은 관계를 맺기 어려워할 수 있습니다. 특히 부부 사이가 좋지 않아 평소 아빠에 대한 부정적인 이야기를 많이 한다면 더더욱 아들의 발달에 부정적인 영향을 미칠 수 있습니다. 아이들은 만 3세 정도부터 엄마와 마음으로 서서히 분리돼야 하는데 이때 아빠와 아들 관계가 좋으면 보다 수월하고 건강하게 심리적 독립을 이룰 수 있습니다. 혹시 아이가 아빠를 무서워하는 게 아니라 엄마가 아들과 아빠 사이를 방해하고 있지는 않은지 점검해보기 바랍니다.

이에 해당된다면 엄마는 아이가 독립적으로 행동할 수 있는 기회를 많이 만들어줘야 하고, 아이 앞에서 아빠에 대한 부정적인 표현은 삼가야 합니다. 그리고 '아빠와 함께 마트 가서 아이스크림 사 먹고 오기' 같은 간단하고 부담 없는 활동을 할 기회를 많이 주십시오. 짧게라도 아빠와 함께하는 시간을 늘려보기를 권합니다.

사실 아빠는 엄마와는 달리 아이를 조금만 다정하게 대하고, 아이가 원하는 놀이나 대화를 해주면 관계가 쉽게 좋아집니다. 아이의 눈높이에 맞춰 놀이를 해준다면 관계가 급진전될 수 있으니 포기하지 말고 꾸준히 노력하기를 바랍니다.

 여섯 살, 네 살 두 딸이 아빠에게 가지 않으려 해요. 뭐든지 엄마가 다 해줘야 하고 아빠가 해주려고 하면 무조건 거부하고 심지어는 자지러지게 울고 떼를 쓰기도 합니다. 그러다 보니 아빠도 아이들과 뭘 하려고 하질 않네요.

① 아이들은 예민한데 아빠가 이를 못 맞춰주고 있나

예민한 아이들은 누군가가 갑자기 큰 목소리로 이야기한다든지, 과격하게 행동하면 깜짝 놀라고 무서워합니다. 또 아이들이 싫다고 할 때 멈추지 않아도 불편한 감정을 많이 느낍니다. 혹시 이 경우에 해당한다면 아이들이 놀라지 않도록, 철저히 아이들에게 맞춰줘야 합니다. "아, 아빠가 큰 목소리로 말해서 놀랐구나. 이렇게 작게 말하면 괜찮겠어?"라는 식으로 아이를 배려하는 모습을 보여주면 아이들은 금세 아빠를 따릅니다.

② 아빠와 보내는 시간이 너무 부족하진 않나

아빠와 보내는 시간이 너무 부족해도 아이들은 아빠에게 잘 가지 않습니다. 이럴 때에는 짧은 시간이라도 충분히 놀이를 해주는 게 해결책입니다. 보통 아이들은 아빠와 어울릴 때 몸으로 하는 놀이를 즐겨 하는데, 이때 아이가 거부하거나 싫다고 하면 억지로 시키지 말고 곧 멈춰야 합니다. 이렇게 하면 아이들은 자신이 존중받는다는 느낌을 받고, 이를 기초로 다른 사람도 존중할 수 있게 됩니다.

③ 부부 사이는 괜찮은가

부부 사이가 좋지 않으면 아이들은 자신과 더 친밀한 엄마의 눈을 통해 아빠를 봅니다. 또 부부관계가 좋지 않으면 부모는 각기 아이를 자기편으로 만들기 위해 은연중에 아이에게 상대 배우자에 대한 좋지 않은 인상을 심어주기도 합니다. 특히나 아직 어린 아이들은 어릴 때는 엄마에 대한 의존도가 높을 수밖에 없으므로 엄마와의 원만한 관계를 위해 아빠를 거부할 수 있습니다.

④ 너무 허용적인 양육태도를 취하고 있지는 않나

엄마가 너무 허용적이면 아빠는 엄격해질 수밖에 없습니다. 이러면 아이들은 엄마는 좋은 사람, 아빠는 나쁘고 무서운 사람으로 지각하게 됩니다. 한쪽은 다 된다고 하고 한쪽은 안 된다고 하는 체계는 바람직하지 않습니다. 그러므로 "이건 엄마 아빠가 함께 정한 거야"라는 식으로 아이들에게 가정의 규칙을 잘 설명하기 바랍니다.

아이들의 인생에서 아빠의 역할은 매우 중요합니다. 아빠와 친해져야 엄마와의 애착관계를 뛰어넘어 사회적 관계 맺기의 기초를 형성할 수 있습니다. 사실 아빠가 조금만 아이들 눈높이에 맞춰 즐겁게 놀아주면 아이들은 정말 순식간에 아빠에게 빠져듭니다. 그러므로 아빠가 가장 잘할 수 있는 놀이로 아이들과 놀아주십시오. 또한 엄마는 아빠가 자녀와 놀이를 할 때 "왜 이렇게 하지 않느냐", "이건 좋은 방법이 아니다"라는 식으로 너무 훈수를 두지 마십시오. 그러면 아빠는 아이와의 놀이에 흥미를 잃습니다. 아빠가 아이들과 놀이를 할 때 잘하고 있는 점을 찾아서 "당신이 ○○하니까 아이 눈이 반짝이네" 하는 식으로 짧게 격려해주세요.

만 6세 이상, 사회성이 본격적으로 발휘되는 아동기

아동기에 들어서면 좀 더 복잡한 수준의 사회성을 연습하고 발달시켜나가야 합니다. 아이들은 그동안 엄마 품에서 안전하게 보호받고 있다가 학교라는 보다 큰 세상으로 발을 디디게 됩니다.

아동기에 사회성이 꽃을 피운다

초등학생이 되면 아이들은 점차 다른 사람의 생각을 이해하고 심리적 의도도 알아차립니다. 또한 친구 사귀는 방법, 친구에게 영향을 미치는 방법, 갈등해결 방법 등을 이해하고 실생활에 적용하기 시작합니다. 학교라는 사회적 공간 속에서 생활하면서 사회적 규칙을 경험하고, 사회적으로 요구되는 태도, 기대, 감정, 소망을 분별할 수 있게 됩니다. 아동기에 접어든 아이들은 도덕성이 발달하고, 인지 능력이 증가하고, 자기중심적 사고가 줄어들고, 사회적 기술을 더 많이 배우면서 사회성을 꽃피웁니다.

영유아기를 보내면서 사회성의 기초를 잘 닦아놓은 아이들은 아동기에 접어들면 사회성을 유감없이 발휘합니다. 친구를 원만하게 잘 사귀고 우정의 의미에 대해서도 생각하기 시작합니다. 친구들과 좋은 관계가 형성되면 아이들은 안정감을 느끼는데, 이는 마치 부모님이 해주던 역할과 비슷해서 학교생활의 어려움을 잘 견딜 수 있게 해줍니다.

친구들의 평가가 중요해진다

아동기에는 친구들의 평가가 매우 중요한 역할을 하기도 합니다. 이때부터 아이들은 자기중심적인 틀에서 벗어나 다른 사람의 시선을 의식하기 시작합니다. 자기가 인기 있는 아이인지 아닌지를 중요하게 생각하고 그 여부에 따라 자존감에 영향을 받기도 합니다. 이 시기 아이들과 상담을 하다 보면 종종 '친구에게 인기가 있으면 좋겠다'는 말을 합니다. 고학년이 될수록 이런 고민은 더욱 깊어집니다. 선망의 대상이 되는 집단이 있으면 그 집단에 꼭 끼고 싶어 합니다. 어떤 아이들은 친구가 많은데도 자신이 꼭 끼고 싶은, 일명 '잘나가는' 아이들의 집단에 끼지 못해 크게 상심하기도 합니다. 그 집단에 들어가면 마치 자신도 잘나가는 아이가 되는 듯 여기기 때문입니다.

 **Tip 또래관계 발달과정**

《다영역 놀이평가(Transdisciplinary Play-based assessment)》라는 책에서 토니 린더(Toni Linder) 교수는 또래관계의 발달과정을 다음과 같이 제시했습니다.

6~8개월	• 다른 영아들과의 상호작용이 증가한다.
9~12개월	• 어린아이와 성인을 다르게 대한다.
12개월 이상	• 또래 아이들과 상호작용하기 시작한다.
12~15개월	• 장난감을 가운데 두고 또래와 접촉한다.
15~18개월	• 또래 아이들에게 단순한 행동을 하거나 예측할 수 없는 반응을 한다.
18~24개월	• 대부분 단독놀이를 하거나 다른 아이들을 쳐다보기만 한다. • 점차 순서를 지켜가며 역할놀이를 많이 한다.
24개월 이상	• 또래 아이들을 주의 깊게 관찰한다. • 또래 아이들을 모방한다. • 다른 아이들이 갖고 있는 장난감을 쳐다보거나, 손으로 가리키거나, 가지려고 한다.
24~30개월	• 놀이를 하면서도 상호작용은 하지 않는다. 주로 병행놀이를 한다.
24~48개월	• 공격성이 최고조에 다다르다가 감소한다(그렇다고 긍정적이거나 중립적인 상호작용이 더 많이 나타나지는 않는다).
30~36개월	• 두세 명의 아이들과는 놀이를 곧잘 한다. • 연합놀이를 주로 한다.
36개월 이상	• 말로 의사소통하면서 다른 아이들과 자발적으로 놀이를 한다. • 난폭한 놀이가 증가한다.
36~48개월	• 협동하는 놀이가 증가한다.
48개월 이상	• 한 가지 놀이에 완전히 몰입된 상태가 아닌 이상 혼자 놀기보다는 아이들과 함께 노는 것을 더 좋아한다.
48~60개월	• 친구들과 이야기하고, 웃고, 놀이를 한다. • 간단한 규칙이 있는 게임을 한다. • 다른 사람에게 관심을 보이고 공감한다.
60~72개월	• 경쟁게임에서 규칙을 이해한다.

이처럼 아동기부터는 친구의 의미가 매우 중요해집니다. 나이가 더 많아지면 집단이 아닌 단짝이나 몇 명의 친구들과 깊은 우정을 나누면서 부모에게 말하지 못하는 고민을 털어놓고 위로를 받기도 합니다. 부모에게서 받는 영향만큼 친구들에게서 받는 영향도 커지는 것입니다.

그러나 애석하게도 이 시기의 아이들 중 약 10~15퍼센트 정도는 또래 집단의 아이들에게 거부를 당하는데, 이런 아이들은 공격적이거나 불안한 특성을 많이 보입니다. 공격적인 아이들은 산만하고 충동적이고, 또래 집단의 규칙에 잘 따르지 않고, 자기 말만 하는 경향이 있습니다. 불안한 아이들은 민감하고, 근심이 많고, 자기 자신을 방어하는 능력이 현저히 부족합니다. 따라서 집단따돌림의 대상이 되거나 학습문제, 품행문제를 일으킬 위험이 큰 아이들에게는 부모와 학교 측의 각별한 관심이 필요합니다.

사회성 가지치기와 다듬기를 위하여

영유아기 때 아이의 사회성을 제대로 키워주지 못했다 하더라도 아직 기회는 있습니다. 물론 제때 적절한 교육을 시키는 것만큼 효과적인 양육은 없겠지만 그래도 아이들은 계속 성장하고 발달하므로 아동기에 접어들었다 해도 사회성을 다잡아줄 수 있습니다. 아동기 아이의 부모는 그동안 형성된 사회성을 가지치고 다듬어줘야 합니다. 사회성의 중요성을 몰라서 도움을 제대로 주지 못했다면 이제부터라도 아이에게 부족한 것을 찾아 도와주면 됩니다.

상대방의 말을 경청하는 방법, 자신의 생각이나 느낌을 전달하는 방법, 친구들의 놀림이나 부당한 행동에 대처하는 방법 등에 대해 모델을 보여주고 연습시켜야 합니다. 특히 공격적인 아이라면 아이의 마음속에 쌓여 있는 분노의 원인을 찾아 풀어주고 아이에게 분노를 다루는 방법, 상황을 파악하는 방법을 이해시키고 연습시켜야 합니다. 윷놀이 같은 간단한 게임에서부터 좀 더 복잡한 보드게임 등을 활용하면 자연스럽게 이러한 훈련을 시킬 수 있습니다.

집단따돌림 등의 문제가 발생했을 때 아이가 부모에게 편하게 말할 수 있도록 평소 신뢰관계를 잘 맺어놓는 것도 중요합니다. 아동기는 그동안 누적된 문제들이 행동을 통해 본격적으로 외부로 표출되는 시기이므로 무엇보다 아이와 끊임없이 대화하고 공감하면서 문제를 해결하려는 자세가 필요합니다.

지나친 심리적 통제는 후폭풍을 몰고 온다

한동안 타이거 맘, 헬리콥터 맘이라는 신조어가 많이 사용됐습니다. 이는 아이의 성취를 위해 혹독하게 공부시키고, 아이의 모든 생활을 좌지우지하는 유형의 엄마를 지칭하는 단어입니다. 사실 지하철을 타고 가다 보면 의도치 않게 자녀와 휴대전화로 통화하는 엄마들 소리를 많이 듣게 됩니다. 열 명 중 아홉 명의 엄마는 다소 화난 목소리로 "아, 그래……. 알았어. 그럼 빨리 학원 가. 시간 늦었잖아", "지금 ○○해야 할 시간인데 친구랑 놀면 어떻게 해? 안 돼!" 등의 이야기를 하더군요.

이렇게 아이의 생활 하나하나를 간섭하거나 뭔가를 잘해냈을 때 과도하게 칭찬하고 앞으로 더 잘할 것을 강요하면 아이들은 '내가 뭔가를 잘해야만 엄마가 나를 예뻐하는구나'라고 느끼게 됩니다. 이처럼 사랑을 볼모로 아이의 행동을 조정하고 아이의 삶을 엄마가 쥐락펴락하는 것을 '심리적 통제'라고 합니다. 이런 심리적 통제를 많이 경험할수록 아이들은 자신의 삶은 엄마 손에 달려 있다고 느끼게 되어 성장할수록 내적으로 우울, 불안을 경험하는 비율이 높아집니다. 또한 외적으로는 공격적인 행동을 하는 경우가 많아지는데, 직접 친구를 때리는 식으로 표현하기보다 엄마가 자신에게 했던 것처럼 관계를 통해 친구의 행동을 조종하려는 행동을 보입니다. "네가 이걸 주면 내가 너랑 친구해줄게", "네가 ○○해주면 내가 너를 많이 좋아해줄 거야" 등의 행동을 취하고, 심지어는 다른 친구를 설득해서 자기 마음에 들지 않는 친구와 놀지 못하게 하는 등의 관계적 공격성을 보입니다.

학업성취를 위해 아이의 생활에 너무 개입하고 "다 너를 위해서야", "이렇게 자극을 줘야 네가 정신 차리고 잘하지"라는 논리를 펼치고, 아이가 잘하면 사랑을 쏟아 붓고 못하면 사랑을 철회하는 행동은 지금 당장 아이 성적을 올리는 데는 도움이 될지 몰라도 사회성 발달에는 매우 부정적인 영향을 미칩니다. 또한 결국 스스로 열심히 하려는 동기가 줄어들어 장기적으로 성취를 이뤄나가는 데도 어려움을 겪습니다. 그러므로 아이가 사회성을 키워나가길 바란다면 절대 부모의 사랑을 볼모 삼아 조건적인 태도를 취하지 않아야 합니다.

PART 3

사회성을 둘러싼 6가지 키워드

성격 발달의 기초, 기질

만 2~5세가 되는 아이들을 데리고 상담센터에 오는 엄마들 중 약 70퍼센트는 아이가 어릴 때부터 까다롭고 예민해서 키우기 힘들었다는 이야기를 합니다. 특히 잠에 대한 어려움을 많이 호소하는데, 영아기 내내 잠을 재우면 두 시간 만에 깨서 울고, 밤에 이유 없이 30분 이상 고래고래 고함을 지르면서 울고, 작은 소리에도 깜짝 놀라 깨서 아이를 달래느라고 밤에 잠을 잘 수 없었다고 합니다. 어떤 어머니는 아이를 낳고 잠을 제대로 푹 자본 적이 없어서 항상 가수면 상태로 정말 힘들게 지냈다고 눈물을 글썽이기도 합니다.

이런 아이들은 대부분 낯선 곳에 가면 꼼짝도 못하는 특징이 있습니다. 친구들이 옆에만 와도 밀쳐내고, 건드리기만 해도 때렸다고 화를 냅니다. 또한 다른 아이들이 있는 곳을 관심 있게 쳐다보기는 하지만 어울리려면 시간이 한참 걸리고, 어디를 가든 엄마 옆에서 떠나지 않고, 선생님의 지시를 따르지도 않습니다. 반면 어떤 아이들은 너무 활동량이 많아서 밖에 나가면 엄마를 본척만척하고 마트라도 가면 이것저것 만지느라 정신이 없습니다. 물론 환경에 잘 적응하고 친구들과의 관계가 원만한 아이들도 있습니다.

이러한 차이는 태어나면서부터 일관성 있게 나타나는 생물학적 특성이며 환경과의 상호작용을 통해 그 아이만의 독특한 행동양식으로 드러납니다. 우리는 이것을 기질이라고 부릅니다. 우리가 아이의 사회성을 이야기하면서 기질부터 살펴보는 이유는 기질이 성격 발달의 기초가 되기 때문입니다.

기질은 사회성의 예언자다

만 세 살 하정이는 처음 만난 저를 낯설어하지 않고 바라봤습니다. 함께 장난감이 많은 방에 가자고 하자 고개를 흔들면서 "엄마랑"이라고 말해서 일단 엄마와 함께 놀이치료실 문 앞에까지 갔습니다. 그런데 방문을 열고 방 안에 있는 많은 장난감들을 보자마자 눈이 휘둥그레지면서 언제 엄마를 찾았냐는 듯 엄마와 떨어져 저와 함께 방으로 들어갔습니다. 하정이는 자신이 좋아하는 인형을 보더니 꺼내서 이리저리 살펴보고 우유도 주고, 유모차를 태워주는 놀이도 즐겁게 했습니다.

만 세 살 영민이는 대기실에서 저를 보자마자 고개를 옆으로 돌려버렸습니다. 장난감이 많은 방에 가자고 해도 꿈쩍도 하지 않고 그림만 그렸습니다. 엄마와 함께 들어가자고 하니 그제야 일어나 놀이치료실로 들어갔지만 쉽게 장난감에 다가가지 못하고 엄마 무릎에만 앉아 있었습니다. 뒤에 앉아 있는 저를 가끔씩 곁눈으로 보긴 했지만 엄마에게 딱 붙어 안긴 채 꼼짝도 하지 않았습니다.

같은 나이의 민재는 처음에는 저를 따라 놀이치료실로 잘 들어갔으나 잠시 후 코끝이 빨개지면서 눈물이 그렁그렁해져서는 아무것도 하지 않으려 했습니다. 엄마를 들어오게 하자 그때서야 안심하고 놀이치료실 안을 천천히 살펴봤습니다. 그러나 바로 장난감을 꺼내서 놀이를 하지는 않았습니다. 시간이 얼마쯤 흐른 뒤에야 원하는 장난감을 조심스럽게 꺼내서 놀기 시작했습니다. 그러나 그때는 이미 평가시간이 다 끝나갈 무렵이었습니다.

하정이와 영민이 그리고 민재는 이제 만 세 살이 된 유아입니다. 그러나 아이들은 똑같은 상황에서 각자 다른 반응을 보이고 다른 행동을 했습니다. 이런 차이는 정말 엄마의 양육태도 때문에 생긴 것일까요? 1950년대와 1960년대에 아이들을 상담했던 미국의 아동전문가들은 아이들의 부적응 문제를 단순히 부모자녀 관계나 환경문제로만 설명하기에는 뭔가 명확하지 않은 부분이 있다는 점에 주목하기 시작했습니다. 그것은 바로 아이가 갖고 있는 특성, 즉 기질이었습니다. 기질이란 태어나면서부터 나타나는 것으로 한 개인의 정서성, 활동성, 사회성에 영향을 미치는 성격의 한 측면입니다.

1956년에 소아과 의사인 알렉산더 토머스(Alexander Thomas)와 스텔라 체스(Stella Chess)는 기질이 아이들의 발달에 어떤 영향을 미치는지에 대한 장기간의 연구를 시작했고 그 결과 기질에 따라 아이들을 순한 아이, 까다로운 아이, 반응이 느린 아이라는 세 가지 유형으로 구분했습니다. 연구 대상 중 40퍼센트는 순한 아이, 10퍼센트는 까다로운 아이, 15퍼센트는 반응이 느린 아이에 속했고, 이 외 35퍼센트의 아이들은 어느 기질에도 속하지 않았습니다.

순한 아이는 잘 먹고, 잘 자고, 배변도 즐겁게 해내고 규칙적입니다. 장난감을 갖고 혼자서도 놀이를 잘합니다. 새로운 환경에도 잘 적응하고 낯선 사람에게도 반응을 잘합니다. 이 아이들은 대체로 명랑하고 행복한 정서를 많이 표출합니다. 앞에서 살펴본 아이들 중 하정이가 이 유형에 속한다고 볼 수 있습니다.

까다로운 아이는 잘 먹지도 않고, 잘 자지도 않고, 변을 보는 데도 어려움이 많고 일상생활이 불규칙합니다. 환경 변화에 민감해서 새로운 환경에 쉽게 적응하지 못하고 울거나 저항하는 등의 부정적인 반응을 보입니다. 앞에서 살펴본 아이들 중 영민이가 이 유형에 속한다고 볼 수 있습니다.

반응이 느린 아이는 새로운 환경에 적응하는 데 시간이 오래 걸립니다. 활동성이 떨어지고, 성미가 까다롭고 일상생활도 불규칙하지만 까다로운 아이에 비하면 그나마 규칙적인 편입니다. 민재가 이 유형에 속한다고 볼 수 있지요.

이처럼 아이들의 기질은 다른 사람과 관계를 맺을 때 영향을 끼칩니다. 아이의 기질에 따라 상호작용의 내용과 질이 달라지는 것입니다. 기질이 발달과정에 미치는 영향을 연구한 결과, 까다로운 기질을 가진 아이들은 70퍼센트가 성장한 후 문제행동을 나타냈지만, 순한 기질의 아이들은 약 18퍼센트만이 성장한 후 문제행동을 나타냈다고 합니다. 이처럼 기질은 아이들의 사회 적응 및 사회성에 영향을 줄 뿐 아니라 이후의 발달과정 및 사회성을 예측해볼 수 있도록 해줍니다.

 Tip 순한 아이 vs. 까다로운 아이

《까다로운 아이(The difficult child)》라는 책에서 스탠리 투레키(Stanley Turecki) 박사는 순한 아이와 까다로운 아이의 차이점을 다음과 같이 구분했습니다.

기질 특성	순한 아이	까다로운 아이
활동 수준	낮거나 평범하다.	과잉행동을 한다.
자기조절	좋다. 인내심이 있다.	부족하다. 충동적이다.
주의집중	좋다. 하는 일을 끝까지 한다.	부족하다. 산만하다.
규칙성	규칙적이다. 예상할 수 있다.	불규칙적이다. 변덕스럽다.
부정적인 감정	적다. 감정이 쉽게 전환된다.	많다. 완고하고 감정이 쉽게 전달되지 않는다.
초기 반응	접근이 쉽다.	위축되고 행동이 지연된다.
적응력	좋다. 융통성이 있다.	부족하다. 경직되어 있다.
주로 느끼는 기분	긍정적이다. 쾌활하다.	부정적이다. 심각하고 까다롭다.

기질과 양육태도의 조화가 중요하다

　기질은 '왜' 이런 행동을 하는지 '얼마나' 그런 행동을 하는지와는 관계없고 '어떤' 행동을 하는지와 관계있는 성격 특성입니다. 까다로운 기질의 아이들은 이해할 수 없고 심지어는 이해하고 싶지도 않은 행동을 해서 부모를 지치게 만들기도 합니다. 하지만 아이들이 하기 싫어서 안 하는 것이 아니라 하지 못한다는 사실을 기억해야 합니다. 뛸 수 없는 아이에게 뛰라고 요구할 수는 없습니다. 아이의 기질을 먼저 파악하고 그에 맞는 교육을 해야 합니다.

　이렇게 아이의 눈높이에 맞춰주려면 먼저 까다로운 기질을 가진 아이의 특성에 대해 잘 알고 있어야 합니다. 아이가 까다로운지를 파악하려면 먹고, 자고, 변을 보는 아주 일상적인 일을 얼마나 순조롭게 수행해내는지 보면 됩니다. 까다로운 기질의 아이들은 대부분 12개월까지는 먹고, 자고, 변을 보는 데 문제를 보이다가 돌이 지나면서부터 조금씩 안정된 패턴을 찾습니다. 그러나 12개월에서 48개월까지는 활동량이 많거나, 산만하거나, 새로운 상황에 잘 적응하지 못하고, 표현이 격렬하고, 예민하고, 불규칙해서 통제하고 훈육하는 데 상당한 어려움을 겪게 됩니다. 예민함과 까다로움의 정도가 지나친 아이들은 엄마의 양육방식이 아무리 훌륭해도 그것을 무력화시켜 심지어 '마더 킬러(mother killer)'라는 별명으로 불리기도 합니다.

　그렇다면 이런 아이들은 어떻게 양육해야 할까요. 아이의 성격이 제대로 형성되려면 기질과 환경이 조화롭게 상호작용해야 합니다. 아이가 순하다고 해서 마냥 좋은 성격과 사회성이 보장되는 것은 아닙니다. 순한 아이일 경우, 엄마가 너무 믿고 그냥 내버려두거나 눕혀놓기만 해서 오히려 방임되는 경우가 있기도 합니다. 반면 까다로운 아이는 엄마가 민감하게 대응하고 잘 보살펴서 오히려 안정된 성격을 갖게 될 수도 있습니다. 따라서 아이의 까다롭고 순한 기질보다는 부모의 양육태도가 아이에게 얼마나 맞는지가 더 중요한 영향을 끼칩니다.

부모가 아이의 개인적 기질을 존중해주면서 아이를 다룬다면 아이는 자신의 개성을 잘 살리면서 아무 문제 없이 자랄 수 있습니다. 아이의 기질과 환경적 요구가 잘 맞지 않을 때는 부조화가 생기고 갈등과 긴장을 불러일으킵니다. 반대로 아이의 기질과 환경적 요구가 조화를 이루면 적절한 발달이 이뤄집니다. 이를 조화 적합성이라고 부릅니다. 엄마의 양육태도와 아이의 기질이 조화를 이룰 때 아이는 자신의 잠재 능력까지 충분히 발휘하면서 발달해나갑니다.

기질은 생물학적 특징인 동시에 뇌의 구조 및 기능과 관련돼 있어서 쉽게 바뀌지 않습니다. 따라서 엄마는 먼저 아이의 기질을 제대로 파악하고 아이가 가진 개인적 특성을 융통성 있게 다뤄야 합니다. 부모와 아이 사이에서 악순환을 만들어내는 부정적 상호작용의 끈이 끊어져야 아이의 사회성이 제대로 발달할 수 있습니다.

기질에 맞는 양육이 아이의 사회성을 결정한다

세 살 경수가 어린이집을 다니면서 엄마와의 전쟁이 시작됐습니다. 전부터 경수는 하루 종일 활동량이 너무 많고 소리를 지르고 물건을 던지는 행동을 많이 해서 엄마가 다루기 힘들어했습니다. 그러면서도 엄마가 화장실에 가면 문 앞까지 따라가서 앉아 있을 정도로 엄마가 눈에 보이지 않으면 불안해했습니다. 엄마가 훈육이라도 하려고 하면 무조건 소리를 지르고 화를 내는 통에 통제할 수도 없었습니다. 주변에서 어린이집을 보내면 조금 나아질 것이라고 조언해 세 살이 되자마자 어린이집에 보냈습니다. 하지만 결과는 엄마를 또다시 좌절시켰습니다. 친구들이 접근하면 소리를 지르면서 밀쳐버리고, 물고 때리기는 예사였습니다. 선생님 말도 듣지 않아 결국 아이를 집으로 돌려보내는 사태까지 벌어졌습니다.

6학년인 지인이는 어릴 때부터 엄마를 난감하게 만든 적이 한두 번이 아니었습니다. 때때로 엄마는 너무 힘들어서 눈물을 흘리기도 했습니다. 생후 7개월 때부터 엄마 다리에 찰싹 붙어 지내더니 지금까지도 엄마 없으면 아무것도 못할 정도로 의존적인 모습을 보입니다. 매사에 짜증을 부리는 것은 물론이고 엄마가 뭔가 제안하면 무조건 "싫어", "안 해", "쳇!" 하는 식의 반응을 보여서 엄마를 속상하게 만들었습니다. 어떤 날은 이런 지인이가 너무 미워 매를 들기도 했습니다. 그러다가 결국 온 가족이 함께 상담센터를 찾았습니다.

경수와 지인이는 모두 까다로운 기질에 속합니다. 경수는 어릴 때 엄마가 서둘러 상담센터를 찾았고, 지인이는 나이가 들면 좀 나아지겠지 하다가 더 이상 참을 수 없는 지경이 되어 상담센터를 찾은 경우입니다. 경수와 지인이의 엄마는 모두 아이 때문에 하루에도 천국과 지옥을 몇 번이나 오가는 생활을 반복하고 있었습니다. 그러면서도 아이를 어떻게 다뤄야 하는지 제대로 알지 못했습니다. 이런 상황은 양육자인 부모를 매우 혼란스럽게 만들고 서서히 양육효능감을 저하시킵니다. 까다로운 아이를 키울 때는 일반적으로 알려져 있는 양육 방법

 Tip 기질이 까다로운 아이 훈육법

다음은 《까다로운 아이》에서 투레키 박사가 제안한 방법들입니다.

1	간단하게 말하라	"이런 행동을 하면 혼낼 거야"라고만 말하라. 설명이 너무 길면 효과가 없다.
2	협상하지 말라	규칙은 부모가 정해야 한다. 만일 아이가 왜 이렇게 해야 하는지 따져 묻고 논쟁을 하려고 하면 "알잖아. 이건 규칙이야"라고 말한다. 때로는 민주적인 부모가 되기보다 자애롭지만 독재적인 부모가 되어야 한다.
3	단호하게 말하라	어린아이에게 부모의 목소리는 매우 중요하다. 너무 부드럽게 말하면 아이들은 부모 말을 듣지 않아도 된다고 오해하기도 한다.
4	경고를 지나치게 남발하지 말라	아이가 말을 듣지 않을 때 끊임없는 경고는 아무 소용이 없다. 단호한 목소리와 태도로 필요할 때만 말하라.
5	아이가 감내할 수 있는 벌을 줘라	아이가 감당할 수 없는 벌을 주면 아이는 그 상황에 압도되어 자신의 잘못을 잊어버린다.

이 도움이 되지 않을 때가 많습니다. 대안이 없다는 사실 때문에 엄마는 자신이 부모로서 부족하다고 생각하기도 하고, 화를 내기도 하는 등 혼란스러워하다가 탈진과 우울증까지 겹치기도 합니다.

하지만 아이의 이런 문제는 부모의 잘못이 아닙니다. 그냥 아이가 갖고 태어난 특성입니다. 따라서 아이를 교육시키려면 우선 아이의 특성을 파악하고 이해해야 합니다. 아이에게 맞는 방법을 하나씩 찾아나간다면 부모는 아이와 매일 벌이는 전쟁 같은 상황에서 벗어날 수 있습니다. 까다로운 아이들 대부분은 성장하면서 조금씩 좋아지기도 하고 나름대로 생활에 적응하는 방법을 찾아가기도 합니다. 그러나 아이의 까다로운 성향을 제대로 이해하지 못해 갈등과 마찰이 심한 채로 아이가 성장하면 그 영향이 영유아기뿐 아니라 아동기에까지 미쳐서 사회성 발달에 문제가 생깁니다. 나를 알고 적을 알면 백전백승이라는 말이 있습니다. 부모가 먼저 아이의 성격적 특성을 파악하고, 아이에게 맞는 전략을 세우면 아동기 사회성 형성의 든든한 토대를 마련할 수 있습니다.

기질에 따른 사회성 발달 맞춤 전략

아이의 까다로운 특성은 양육자가 이를 얼마나 이해하고 어떻게 다루는가에 따라 어느 정도 조절될 수 있습니다. 성격적 특성은 아이들마다 다르기 때문에 내 아이에게 딱 맞는 방법은 책에서도 찾을 수 없습니다. 어렵고 힘든 일이지만 부모만이 아이를 통제할 방법을 찾을 수 있습니다. 사회성 좋은 아이로 키우기 위한 기본 원칙을 잘 이해하고 그 원칙을 내 아이의 상황에 맞춰서 응용하면 됩니다.

빠른 개입이 최선

아이가 거친 행동을 계속하는데도 방치해두면 점점 더 걷잡을 수 없는 상황으로 치닫게 됩니다. 최선의 방법은 부모가 빨리 알아차리고 개입하는 것입니다. 엄마는 아이의 행동을 면밀하게 관찰해서 아이가 언제 흥분하고 과잉행동을 하는지 패턴을 잘 알고 있어야 합니다. 패턴을 파악한 후에는 그 순간 손뼉을 치는 방법 등으로 "잠깐!"을 외치며 아이의 행동을 멈춥니다. 그다음 아이에게 가까이 다가가 눈을 마주 보고 "우리 ○○가 너무 화가 나 있네"라는 식으로 아이의 행동을 분명하게 설명해줍니다. 이때는 반드시 눈을 맞추고 짧고 간단하게 말해야 합니다. 이후 좋아하는 TV 프로그램을 보여주거나 좋아하는 과자를 주는 등 적절한 보상을 해주는 것이 좋습니다. 잊지 말아야 할 점은 이런 개입은 아이가 흥분하기 전에 하는 것이 더 효과적이라는 사실입니다. 아이가 일단 흥분하고 나면 이 세상 최고의 상담 전문가가 와도 아이의 행동을 조절해줄 수 없습니다.

평상시에는 아이에게 에너지를 발산할 수 있는 기회를 많이 주는 것이 좋습니다. 달리기를 하게 하거나 음악을 틀고 춤을 추게 하는 것도 좋은 방법입니다.

상황에 따라 다르게 개입하라

아이가 과잉행동을 자주 일으켜 엄마가 힘들다면 아이와 함께 생활규칙을 만들어보는 것도 좋습니다. 예를 들어 밥 먹는 시간, 공부하는 시간, 쉬는 시간을 규칙적으로 정해보는 것입니다. 이때 규칙을 잘 지키면 충분한 보상을 해주어 아이로 하여금 성취감을 느끼게 해줘야 합니다. 과잉행동을 자주 하는 아이에게는 에너지를 발산할 수 있는 놀이를 할 기회를 자주 마련해줘야 하는데 한 가지 유의해야 할 점이 있습니다. 바로 잠자기 세 시간 전에는 과격한 운동을 삼가는 것입니다. 과도한 운동은 오히려 숙면을 방해하기 때문입니다.

아이가 충동적인 행위를 많이 한다면, 박수나 헛기침 등과 같은 신호를 만들어서 자신이 지금 어떤 행동을 하고 있는지 의식할 수 있도록 도와주는 것이 좋습니다. 아이가 공공장소에서 부적절한 행동을 할 때 교육을 시킨다고 혼을 내면 아이는 더 충동적인 행동을 하게 됩니다. 이때는 빨리 그 자리를 떠나는 것이 바람직합니다.

만약 아이의 생활이 불규칙적이라면 규칙을 정해주고 지키도록 유도합니다. 당장 잠이 오지 않더라도 잠자야 하는 시간에는 이 닦고 부모에게 인사하고 침대에 눕게 해야 합니다. 하지만 모든 규칙을 지나치게 강요하지는 않는 것이 좋습니다.

단계에 따라 순차적으로 접근하라

대부분 까다로운 기질의 아이를 다루는 부모들은 아이의 행동을 강력하게 통제하다가 말을 듣지 않으면 체벌까지 하곤 합니다. 하지만 이런 방법은 아이를 더욱 부정적인 성향으로 몰아갈 뿐입니다. 따라서 아이와의 마찰을 최소한으로 줄이면서 상호작용할 수 있는 방법을 찾아봐야 합니다. 한 단계씩 순차적으로 접근하는 태도는 아이가 행동을 잘 조절할 수 있도록 도와주고, 엄마도 부정적인 감정에 휩싸이지 않도록 해줍니다. 엄마의 양육효능감이 커지면 아이의 정서 발달에도 도움이 됩니다.

1단계 아이에게 문제행동이 나타났다면 '지금 당장 내가 이 문제를 다룰 수 있나?'를 먼저 생각해봅니다. 만일 다룰 수 없다면 "그러면 안 돼"라는 식의 최소한의 반응만 하고 그 상황을 벗어날 필요가 있습니다.

2단계 문제를 다룰 수 있다면 그다음 단계에서는 안내자가 돼야 합니다. 이때 엄마는 한 발 뒤로 물러선 후 이 상황을 어떻게 해결할 것인지 생각하면서 중립적인 태도를 취해야 합니다. 그래야 더 이상 감정적으로 반응하지 않을 수 있습니다.

3단계 아이의 행동을 분석하되, 아이가 그러한 행동을 한 동기는 캐묻지 말고 행동에만 초점을 두고 훈육합니다.

4단계 기질 때문에 그런 행동을 했다는 판단이 서면 아이의 행동을 관리해줘야 합니다. 먼저 공감해주고, 아이와 눈을 마주친 다음 단호하고 짧게 설명해줍니다. 이 단계에서는 설명을 너무 길게 하거나 관용적 태도를 취하면 안 됩니다. 벌이 필요하다면 아이가 감당할 수 있는 간단한 벌을 줍니다.

이렇게 아이를 다루면 아이와의 마찰을 줄일 수 있습니다. 아이들은 엄마의 양육방식을 통해 자신의 감정을 조절하는 연습을 하면서 서서히 사회에 적응하는 방법, 사람들과 잘 지낼 수 있는 방법을 배웁니다. 엄마의 전략적인 양육방식과 인내하는 마음은 아이의 사회성 발전에 든든한 토대가 될 것입니다.

 Tip 까다로운 아이를 대하는 9가지 훈육지침

① 문제의 원인이 아이의 기질 때문인지 먼저 살펴본다. 만약 기질 때문에 문제가 생겼다면 아이도 어쩔 수 없는 일이다. 아이를 예민하게 만든 원인을 찾아보고 해결 방법을 찾는다.
② 까다로운 아이는 아무리 머리가 좋아도 정서적으로는 미숙할 수 있다. 이 점을 받아들여야 한다.
③ 아이로 하여금 규칙을 지키도록 한다.
④ 아이가 규칙을 지킬 수 있도록 충분히 설명한다. 규칙은 아이가 이해할 수 있는 것이어야 한다.
⑤ 규칙을 지키지 않았을 때 생기는 불이익에 대해 명확하게 알려준다.
⑥ 지적하고 충고하는 대신 칭찬하고 격려한다.
⑦ 아이가 잘못했을 때 즉각적으로 또는 감정적으로 반응하지 않는다.
⑧ 지나치게 혼내지 않는다. 처벌이 지나치면 부모로서의 권위를 잃게 된다.
⑨ 인격이 아닌 행동에만 초점을 두고 혼을 낸다. 나쁜 아이라고 비난하지 말고 아이가 한 행동에만 초점을 두고 혼낸다.

"우리 아이 기질이 도저히 이해가 안 돼요."

{ 예민하고 까다로운 아이, 종잡을 수 없이 반응하는 아이,
감정을 폭발시키는 아이, 지나치게 조심스러운 아이 }

아기 때부터 지금까지 밤에 안 깨고 잔 적이 거의 없어요. 30개월이 됐는데도 나아지는 게 아니라 점점 더 심해지고 있어요. 아침에 깰 때도 거의 울면서 깨고, 어린이집에 다녀오면 옆에 붙어 함께 놀아주는데도 하루 종일 징징거립니다. 여전히 낯을 많이 가리고 어린이집에서도 의사표현을 할 수 있으면서도 울음으로 표현하려고 한다네요. 이제는 저도 참을 수가 없어서 소리 지르고 때리게 돼요.

아이가 많이 까다롭고 예민해서 엄마와 아이 모두 힘든 시간을 보내고 있군요. 사실 까다로운 아이를 키우기란 쉽지가 않습니다. 특히 아이가 어리고 까다로운 특성이 클수록 양육이 더 어렵습니다. 오죽하면 까다로운 아이들의 별명이 '마더 킬러'겠습니까.

사실 지금 아이가 보이는 행동은 아주 까다로운 아이들에게서 관찰되는 모습입니다. 우선 까다로운 아이들은 먹는 것, 자는 것 등을 포함한 일상생활이 편안하게 이뤄지지 않는다는 특징이 있습니다. 또한 자

신에게 익숙하지 않은 낯선 상황, 예상치 못한 일에 대처처하는 데는 더더욱 어려움이 많습니다. 그렇다면 아이들에게 왜 이런 일이 일어나는 것일까요?

① 기질은 생물학적 반응 특성이다

까다로운 아이들은 순한 아이들에 비해 오감으로 받아들이는 자극에 더욱 민감한 반응을 보입니다. 즉, 일반 아이들은 1의 강도로 받아들이는 자극을 10의 강도로 받아들이는 것입니다. 이런 일이 날마다 반복된다면 얼마나 아이가 힘들까요?

② 어릴수록 자극을 스스로 조절하고 통제하기 어렵다

특히 만 2세까지 아이들은 머리로 판단하고 사고하는 게 아니라 온 감각을 사용해 외부 상황을 판단합니다. 그래서 만 2세 정도까지의 아이들에게 피부는 '제 2의 뇌'와 같습니다. 또한 정서도 어른만큼 다양하게 발달하지 않아서, 쾌나 불쾌 등의 기본 감정만 발달돼 있는 상태입니다. 그러므로 외부에서 자극이 들어오면 이를 논리적으로 판단하고 결정하고 자신의 감정을 잘 조절하지 못합니다. 까다로운 아이는 더합니다. 작은 일에도 다른 아이들보다 불쾌한 감정을 아주 크게 느끼지만 이를 논리적으로 판단할 수 있는 능력은 아직 발달하지 않았으니 어떻게 이를 처리해낼 수 있겠습니까?

③ 언어가 충분히 발달하지 않아 짜증과 떼로 표현한다

불쾌한 기분에 휩싸여 있는데, 아직 언어 능력이 충분히 발달되지 않았으니 아이는 이를 말로 표현하기가 어렵겠지요. 그러다 보면 당연히 자신의 불쾌한 상황을 떼를 부리거나 징징거리거나 말도 안 되는 고집을 부리는 방식으로 표현하게 됩니다.

자, 이제는 이런 아이를 어떻게 양육하면 좋을지 살펴보도록 합시다. 첫째, 누구보다 힘든 건 아이 자신이라는 점을 이해해야 합니다. 아이의 기질적 특징은 누구의 잘못도 아닙니다. 그저 특성입니다. 그런데도 아이는 여러 가지 발달상의 제약으로 큰 어려움을 겪습니다. 부모는 일단 아이의 이런 특성을 잘 이해해야 합니다. 이해하는 것만으로도 아이에 대한 화나 속상한 마음이 줄어듭니다. 그래야 "아, 갑자기 소리가 나서 깜짝 놀랐어?", "엄마가 큰 소리로 말하니까 놀랐구나", "생각대로 안 돼서 화났구나" 등과 같은 공감의 단계로 나아갈 수 있습니다.

둘째, 아이의 연령과 기질을 고려해야 합니다. 30개월 된 예민한 아이가 가정이 아닌 어린이집에서 생활하고 오면 편안함보다는 불편한 느낌이 더 많지 않을까요? 미처 처리되지 않은 자극이 너무 많고 자신의 예측대로 되지 않는 일이 허다하고, 이를 명확히 말로 표현하기 어려우니 많이 힘들 수 있습니다. 그랬다가 편안한 엄마를 만나면 그 어려움을 징징거림으로 표현하는 것 아닐까 생각됩니다.

셋째, 엄마의 민감성과 공감적인 태도가 무엇보다 필요합니다. 집에서 엄마가 함께 놀아주고 뭘 해줘도 징징거린다고 했는데, 이때 생각해봐야 하는 것이 바로 바로 민감성과 공감적인 태도입니다. 특히나 아이가 예민하다면 무엇 때문에 불편함을 느꼈는지 엄마가 민감하게 알아차리고 이를 대신 말로 표현해서 아이의 정서를 안정시켜 줘야 합니다. 그렇다고 아이가 원하는 것을 다 해주라는 뜻은 절대 아닙니다. 공감하는 태도로 마음을 잘 받아주되 그다음에는 안 되는 건 안 된다고 훈육해야 합니다. 즉, 공감적인 태도로 아이의 마음을 이해해주는 기초공사를 충분히 해야 "그건 안 돼. 대신 이거 하자"라고 훈육할 때 조금 더 쉽게 아이가 엄마의 지시를 따릅니다. 아이가 30개월로 아직 어리니 조금 더 공감적인 태도를 많이 보여주고, 되는 것과 안 되는 것을 친절하게 반복적으로 알려주기 바랍니다.

넷째, 어린이집 생활을 할 만큼 아이가 준비됐는지 고려해봐야 합니다. 집단생활은 아이가 어느 정도 준비된 후라야 가능합니다. 특히 예민한 아이라면 집단생활에 적응하는 데 보다 많은 시간이 필요합니다. 아이가 어린이집 생활에 적응하지 못해서 그런 행동을 한다고 판단되면 어린이집 생활을 먼저 잘 점검해보세요. 어린이집 선생님과 상의해볼 필요도 있습니다. 아직 아이가 30개월로 어리기 때문에 반드시 어린이집을 보내야 하는 연령은 아닙니다. 낮 시간에 아이를 돌볼 수 없어 어쩔 수 없이 어린이집을 보내야 하는 상황이 아니라면 아이가 집단생활을 할 수 있도록 집에서 조금 더 준비시키는 것도 방법일 수 있습니다.

다섯째, 신체활동 중심의 놀이를 많이 해주세요. 신체활동은 감각

기능의 통합을 돕기 때문에 이렇게 예민한 아이들에게 특히 도움이 될 수 있습니다. 집 안과 밖에서 아이가 무서워하고 거부하지 않는 방법으로 신체놀이를 할 기회를 많이 제공하기 바랍니다.

지금은 힘들고 아이의 상황이 이해되지 않아 당황스럽겠지만 까다로운 기질과 특성은 연령이 높아지면 많이 사라집니다. 그러니 앞으로는 확실히 더 좋아질 것입니다. 하지만 이런 아이의 특성을 잘 이해하지 못하고 채근하거나 크게 혼내는 일이 반복되면, 부모자녀 관계도 나빠지고 아이의 정서 발달에도 도움이 되지 않습니다. 아이의 마음과 행동이 도저히 이해되지 않는다면 가까운 상담센터를 찾아 조금 더 구체적인 도움을 받아볼 것을 권합니다.

 네 살 된 우리 아이가 요즘 놀이터에 가거나 밖에 나가 친구들을 만나면 얼음처럼 굳거나 흠칫 놀라며 뒤로 물러나기도 해요. 때로는 함께 잘 놀다가도 그럽니다. 어떨 때는 친구들에게 먼저 아는 척하기도 하는데 왜 그럴까요? 또래를 많이 못 만나봐서 그러는 걸까요?

때로는 아이에게 '자극추구'와 '위험회피'라는 서로 상반돼 보이는 두 가지 기질적 성향이 나타나기도 합니다. 이런 경우 활발하다가도 어느 순간 얼음처럼 굳어서 부모는 아이의 기질을 종잡을 수 없다고 느끼게 됩니다. 지금 이 아이는 자신이 예상하지 못한 자극을 만나면 다소 긴장하는 듯합니다. 그래도 가끔은 먼저 아는 척도 하니 아주 까다롭고 예민한 성향을 가진 아이는 아닌 듯합니다.

　아이가 긴장했을 때는 "아, 네가 가지고 놀던 장난감을 저 친구가 가지고 가서 깜짝 놀랐구나"처럼 아이가 긴장하고 있는 상황과 감정을 연결해서 이야기해주세요. 이런 과정을 통해 아이는 자기 감정을 소화시킬 수 있는 능력을 키워갑니다. 이런 과정 없이 무조건 "빨리 가서 놀아", "너도 싫다고 말해"처럼 채근하면 별 도움이 되지 않습니다. 아직 아이가 어리니 이렇게 마음을 읽어주면 긴장이 풀어져서 다음에는 자신이 원하는 행동을 잘 해나갈 수 있을 겁니다.

 다섯 살 여아인데요. 유치원을 거부해서 다니지 못하고 있어요. 아이는 낯을 많이 가리고 일단 화가 나면 잘 달래지지 않습니다. "엄마가 죽었으면 좋겠다"는 등의 막말도 합니다. 그리고 제가 뭔가를 하지 못하게 하면 물건을 던지고 소리를 지릅니다. 이때 어떻게 해야 할지 모르겠고 너무 힘들어요. 그리고 밤에도 자주 깨는데 그때마다 소리 지르고 짜증 내고 울어요. 이렇게 밤낮으로 힘드니 우울증이 올 지경입니다.

　아이의 이해할 수 없는 떼에 많이 지치신 듯합니다. 아이를 키울 때 부모들이 정말 답답해하고 답을 찾을 수 없어 힘들어하는 부분이 바로 기질과 관련된 부분입니다. 기질은 이성적인 판단과 논리적인 생각으로 만들어지지 않습니다. 아이가 타고난 생물학적 특성입니다. 특히 오감이 너무 예민하게 발달한 아이는 잠자는 것, 먹는 것, 옷 입는 것, 대소변 가리는 것 등 모든 일상생활에서 불편함을 호소합니다. 또한 자신이 예상하지 못한 일이 생기면 이를 잘 받아들이지 못해 낑낑대며 씨름을 하지요. 이를 잘 이해하지 못하면 '아이가 고집이 세다', '너무 말을 안 듣는다', '산만하다' 등과 같은 평가를 내릴 수 있습니다. 또한 언제 폭발할지 몰라서 조마조마한 마음으로 아이를 보게 됩니다.

하지만 이때 가장 먼저 고려해야 하는 것은 조마조마하고 화나는 엄마 마음보다 자신에게 들어오는 자극을 처리하지 못해 그 안에서 허우적거리고 있는 아이의 불안한 마음입니다. 아이가 이런 상황을 빨리 알아차리고 이를 말로 표현할 수 있으면 좋은데 안타깝게도 유아들은 자기가 왜 이렇게 불편한지, 또 왜 이렇게 떼를 쓰게 되는지 잘 모르기 때문에 이를 말로 표현하기란 더더욱 어렵습니다. 그러므로 아이들이 자신의 감정을 처리하지 못해 쩔쩔매고 있을 때는 부모가 대신 빨리 알아차리고 이를 잘 표현해줘야 합니다. 이때는 몇 가지 원칙이 있습니다.

첫째, 감정이 폭발하기 전에 공감해서 진정시켜주세요. 이미 아이가 폭발하고 나면 그때는 어떤 전문가도 쉽게 달랠 수 없습니다. 아이가 기분이 나빠질 듯한 상황이 되면 재빨리 "놀랐지", "이런, 갑자기 소리가 나서 놀랐구나", "블록이 네 마음대로 안 끼워져서 화가 나는구나"처럼 아이의 마음에 충분히 공감해줘야 합니다.

둘째, 크게 감정이 들어가지 않은 중립적인 목소리로 차분하게 공감해주세요. 부모가 너무 감정적인 반응을 하면 아이들은 그것 때문에 더 자극을 받습니다. 그러면 자신에게 더 큰일이 일어난 줄 알고 더 폭발하게 됩니다.

셋째, 무조건 못하게만 하지 말고 적절한 대안을 제시해주세요. 이렇게 예민한 아이들은 자신이 예측하지 못한 일이 발생하면 저항감을 더 심하게 느낍니다. 그래서 울고 떼쓰는 행동으로 자기 의견을 관철하려 듭니다. 그래야 안심이 되니까요. 그렇다고 아이가 원하는 것을 다 들어주면 아이는 정말 조절 능력과 대처 능력이 떨어지는 사람으로 성장하게 됩니다. 이런 아이들일수록 무조건 안 된다고 하기보다 "이건 안 되지만 대신 ○○로 하자"라고 아이의 관심이 전환될 수 있는 대안을 주는 것이 바람직합니다.

넷째, 이미 감정이 폭발했다면 기다려주세요. 감정이 폭발했을 때 이를 달래려고 노력하면 그 자체가 아이에게 자극이 될 수 있습니다. 이때는 조금 거리를 두고 "엄마가 조금 기다릴게" 하는 식으로 대처하는 것도 괜찮습니다.

다섯째, 평소 바깥 놀이를 많이 해주세요. 예민한 아이들이 자극을 편안하게 받아들일 수 있도록 돕는 좋은 활동이 바로 바깥 놀이입니다. 아빠가 함께 나가서 신나고 재미있게 놀아주면 아이의 건강한 성장에 도움이 됩니다.

여섯째, 평상시에도 공감적인 엄마의 태도가 필요합니다. 아이가 폭발할 때에만 반응하지 말고 평상시에도 아이의 행동과 감정을 잘 연결해서 공감해주면 아이가 자기 감정을 잘 인식하고 이를 말로 표현할 수 있게 됩니다. 그 과정에서 말도 안 되는 떼를 부리면서 화를 폭발시키는 횟수가 줄어듭니다.

 여섯 살 된 남자아이예요. 아이 돌 때 복직을 해서 시부모님께서 아이를 돌봐주셨어요. 아이가 조용한 편이기는 한데, 남의 시선을 지나치게 신경 써요. 그래서인지 친구들이랑 친하게 지내다가도 밖에만 나가면 아는 척을 하지 않아요. 사회성에 문제가 있는 건가요?

기질이 까다로운 아이들 중 에너지가 많은 아이들은 자신에게 불쾌한 감정이 생길 때마다 이를 밖으로 표출해 떼를 부리고 화를 폭발시키지만, 에너지가 적은 아이들은 위축되거나 피하는 행동을 합니다. 예민한 성향을 가지고 있는 아이들은 다른 사람의 시선에 신경을 많이 쓰고, 매일 보는 친구들이라도 거리에서 만나면 선뜻 인사를 하지 못하는 경우가 있습니다. 예상치 못한 곳에서 친구를 만나면 이를 받아들이는 데 시간이 걸리기 때문입니다. 지금 아이가 조부모와만 함께 살고, 부모는 일주일에 한 번 정도만 만난다면 부모라도 만날 때마다 낯설어하고 어색해할 가능성이 있습니다.

그러니 이런 행동을 너무 문제시하여 자꾸 "배꼽인사 해라", "왜 그러니?", "예의가 없다", "엄마가 창피하다" 등 강요와 비난의 표현을 하면 안 됩니다. 아이의 특성을 좀 더 이해하고 그에 맞게 지도해야 합니다.

첫째, 아이의 당황스러운 마음을 읽어주세요. 상황에 빨리 적응하지 못하거나 다른 사람의 시선이 크게 느껴져 꼼짝하지 못하고 전전긍긍하는 아이의 마음을 먼저 잘 헤아려서 말로 표현해주는 것이 좋습니다. "아, 엄마가 혼낼까 봐 엄마한테 물어보는 거야?", "모르는 아저씨가 쳐다봐서 그게 싫었구나", "유치원이 아닌 다른 곳에서 친구를 만나니까 이상하구나"처럼 아이의 마음을 먼저 잘 알아차려주기 바랍니다. 이런 엄마의 태도를 통해 아이도 자신의 행동을 스스로 이해할 수 있게 됩니다.

둘째, 결과보다는 과정에 초점을 맞춰서 격려해주세요. 이렇게 다른 사람의 시선을 많이 신경 쓰는 아이들은 자기 스스로 결정을 내리고 뭔가 해내기를 망설입니다. 이럴 때 부모님이 아이가 뭔가를 하고 있는 과정에 초점을 맞춰 격려해준다면 아이는 '내가 뭔가를 하는 게 더 중요하구나', '나는 열심히 하는 아이야'라고 생각하게 되어 좀 더 당당하게 자신이 하고 있는 것에 몰입할 수 있습니다.

셋째, 조부모와 부모의 훈육태도를 점검해보세요. 혹시 조부모와 부모가 아이의 안전에 민감해서 "안 된다"는 이야기를 많이 했다면 아이의 예민함과 결합되어 아이가 더욱 조심스러워지고 선뜻 뭔가를 하기 두려워할 수도 있습니다. 너무 미리부터 안 된다고 가르치거나 조금만 위험해 보여도 조심하라고 주의를 주기보다 스스로 할 수 있는 기회를 많이 만들어주기 바랍니다.

넷째, 계획을 미리 알려주세요. 예민한 아이들은 예측하지 못한 일이 발생할 때 무척 당황하고 긴장합니다. 그러므로 "오늘 ○○를 갈 건데, 거기 가면 ○○가 오고, ○○를 할 거야. 그때 사람들이 너한테 예쁘다고 하고 머리를 쓰다듬을 수도 있어"라는 식으로 간단히 앞으로 생길 수 있는 일에 대해 알려주세요. 마음으로, 머리로 미리 준비하면 긴장을 낮출 수 있습니다.

조심스러운 아이를 갑자기 씩씩하게 만들 수는 없지만 스스로 해내는 아이로 성장시킬 수는 있습니다. 또한 유치원에서 아이들과 잘 놀고 상호작용하고 있다면 밖에서 친구들을 모르는 척하는 것 역시 크게 걱정할 일은 아닙니다. 염려하기보다 아이의 기질적 특징을 잘 이해해서 더 좋은 방향으로 성장할 수 있도록 도움을 주기 바랍니다.

정서적 유대감의 기본, 애착

 엄마의 몸속에서 안전하게 있다가 세상에 막 태어난 아이에게 가장 중요한 것이 뭐냐고 묻는다면 '안정감'이라고 대답할 것입니다. 발가벗은 몸으로 아무것도 없이 이 세상에 태어난 아이가 할 수 있는 것이라곤 숨 쉬는 일뿐입니다. 이처럼 무력한 상태에 놓인 아이는 배가 고프면 먹을 것을 주고, 엉덩이가 축축하면 기저귀를 갈아주는 보호자의 안정되고 살뜰한 보살핌을 받으면서 '아, 나는 안전하구나. 안심해도 되는구나' 하고 느낄 것입니다. 이렇게 자신을 보살피는 사람에게 정서적인 유대감을 느끼고 좋은 관계를 맺어가는 것을 애착이라고 합니다. 애착은 아이의 여러 가지 발달에 중요한 영향을 미치는데 무엇보다 사회성 발달에 큰 영향력을 발휘합니다.

애착이 있어야 안심하고 세상과 교류할 수 있다

아이는 태어나서 3일 정도만 돼도 엄마의 목소리를 구별할 수 있고, 2~3주가 되면 엄마의 얼굴을 응시하고, 4~6주에는 미소짓기 시작합니다. 6~8주에는 얼굴을 맞대고 상호작용을 하고, 엄마의 얼굴 표정, 움직임, 목소리에 반응합니다. 생후 3개월이 되면 양육자의 감정을 인식하고 반응도 합니다. 실제로 이를 증명한 유명한 실험이 있습니다.

생후 3개월 된 아이에게 엄마가 웃는 표정을 보여주자 아이는 미소로 답했고, 굳은 표정을 보여주자 아이의 얼굴도 점점 굳어지더니 급기야는 울어버렸습니다. 이 실험을 통해 우리는 아이가 생후 3개월만 돼도 타인의 감정에 영향을 받고 이에 대한 반응한다는 것을 알 수 있습니다. 만약 양육자가 아이의 감정을 알아차리지 못하고 일관성 없는 태도를 보인다면 아이는 혼자서 고통에 대처해야 합니다. 그리고 이렇게 성장한 아이들은 자신을 통제하는 데 어려움을 겪습니다.

반면 엄마가 일관성 있고 안정된 반응을 보여주고 아이의 욕구를 잘 맞춰주고 반응해주면, 아이는 엄마의 행동을 예측할 수 있고 안정적인 상호작용을 합니다. 아이는 '엄마는 안전하고 믿을 만해. 나를 편안하게 해주는 사람이야'라고 인식합니다. 스스로에 대해서도 '나는 사랑받는 존재야'라고 믿게 됩니다. 이런 믿음은 일상생활 속에서 확대돼서 안정된 애착관계를 형성한 아이는 엄마뿐만 아니라 다른 사람들도 믿고 안전하다고 확신합니다. 이런 믿음과 확신을 가진 아이는 문제해결 능력이 뛰어나고 친구들에게도 인기가 많습니다.

이처럼 안정된 애착관계를 형성한 아이들은 부모는 물론 주변 사람들과도 안정된 관계를 맺는데, 안정된 애착관계가 신뢰감을 갖도록 만들어준 덕분입니다. 이런 신뢰감은 아이에게 평생 자산이 됩니다. 불안정한 애착관계는 세상은 위험한 곳이고, 다른 사람들은 믿을 수 없고, 자신은 사랑받을 가치가 없고 쓸모없는 사람이라는 생각을 하게

Tip 안정 애착관계 vs. 불안정 애착관계

	안정 애착관계를 형성한 아이	불안정 애착관계를 형성한 아이
감정상태	• 긍정적인 감정을 더 많이 느낀다. • 상황에 따라 적절하게 자신의 감정을 조절할 수 있다.	• 침울함, 분노, 의심, 우울감과 같은 부정적인 감정을 더 많이 느낀다. • 감정조절에 익숙하지 않다.
좌절에 대한 인내력	• 불안에 잘 대처할 수 있다. • 좌절을 견뎌내고 다시 도전한다.	• 불안감을 자주 느낀다. • 좌절을 견뎌내지 못하고 쉽게 포기한다.
자존감	• 자신에게 문제해결 능력이 있다고 생각한다. • 독립심이 있다. • 자신은 충분히 사랑받을 만한 가치가 있다고 믿는다.	• 자신을 무능한 사람이라고 생각한다. • 의존성이 강하다. • 자신을 가치가 없고 사랑받을 수 없는 존재라고 생각한다.
대인관계 	• 친구들과 즐겁게 놀이를 한다. • 상호작용을 즐거운 것으로 받아들인다. • 친구도 많고 인기도 많다. • 다른 사람의 감정을 잘 이해한다.	• 친구에게 공격적이고 부정적인 행동을 한다. • 자기 마음대로 하려고 한다. • 다른 사람의 의도와 감정을 제대로 이해하지 못한다.

만듭니다.

어릴 때 어떤 믿음을 형성했느냐에 따라 아이들은 인간관계를 즐겁고 기쁜 것으로 받아들일 수도, 힘들고 귀찮고 괴로운 것으로 받아들일 수도 있습니다. 물론 안정된 애착관계를 형성한 아이들이 전혀 상처받지 않고 모든 인간관계를 성공적으로 맺어나가는 것은 아니지만 문제가 생겨도 인간에 대한 그리고 자신에 대한 뿌리 깊은 신뢰감을 바탕으로 잘 해결해나갈 수 있습니다.

안정적 애착이 즐거운 어울림을 이끈다

상담센터에 오는 아이들을 처음 만나는 것을 접수상담이라고 합니다. 이때 저는 아이에게 유치원이나 학교에서 무엇을 할 때 재미있는지, 언제 화가 나고 속상한지를 묻습니다. 약 90퍼센트의 아이들은 친구들이 놀릴 때, 때릴 때, 같이 안 놀아줄 때, 또는 자신의 놀이를 망가뜨릴 때 화가 난다고 대답합니다. 하지만 이렇게 많은 스트레스를 받고 있는데도 혼자 노는 것보다는 함께 노는 것이 더 좋다고 말합니다.

유치원에서 친구들과 어울리지 못해서 유치원을 그만둔 성희는 올해 다섯 살인데 친구들과 노는 것보다 혼자 노는 것이 더 좋다고 했습니다. 성희 엄마는 결혼 초 부부갈등이 심해 우울증을 겪느라 양육에 집중하지 못했고 성희를 혼자 놀게 하거나 비디오를 보여줬다고 합니다. 엄마 기분이 괜찮을 때는 아이를 잘 대해줬지만 화가 나면 무섭게 야단을 치고 체벌까지 했다고 합니다. 성희 엄마는 아이를 잘 키우고 싶은 마음에 양육서도 많이 읽었지만 현실에 적용하기가 쉽지 않았습니다.

여섯 살 성민이는 엄마가 거의 매일 화를 낸다고 생각했습니다. 자신이 제일 행복할 때가 엄마가 화를 안 낼 때라고 말할 정도로 화내는 엄마를 무서워했습니다. 두려운 마음 때문에 땅이 꺼지는 무서운 꿈을 꾸기도 했습니다. 성민이는 엄마와 안정된 애착관계를 형성하지 못해 늘 불안해했던 것입니다. 그런데 더욱 안타까운 건 성민이가 엄마에게서만 무서움, 불안함, 소외감을 느끼는 게 아니라는 사실입니다. 성민이는 친구들이 자신과는 놀지 않는다고 느끼고 있었고, 친구들이 자신을 싫어한다고 말했습니다.

아이들은 사회성 발달 초기에 부모와의 관계에서 가장 큰 영향을 받습니다. 성민이와 성희는 아쉽게도 이 과정에서 불안정한 애착관계가 형성된 아이들입니다. 아이들은 만 한 살쯤 되면 부모가 어떤 사람이고, 자신을 어떻게 대하고 있는지 알기 시작합니다. 이를 '내적 작동 모델'이라고 하는데 아이들은 이 모델을 바탕으로 인간관계를 해석합니다. 부모와 좋은 관계를 맺은 아이는 인간관계를 즐겁고 행복한 것으로 인식하며 좋은 관계를 위해 애씁니다. 또한 '나는 다른 사람에게도 사랑을 받을 수 있어'라는 내적 확신을 갖고 다른 사람들과 스스럼없이 친해질 수 있습니다. 이처럼 자신이 사랑받고 있고, 존중받고 있다는 안도감은 상대를 돌아볼 수 있는 여유를 가져다줍니다. 이런 특징은 놀이치료를 할 때도 드러납니다. 인형을 살뜰하게 보살피는 놀이를 하거나, 이 세상에서 가장 맛있는 음식을 만들어서 친구들에게 나눠주고 먹게 하는 놀이를 합니다. 그동안 자신이 경험했던 관계를 표현하는 것입니다.

반면 안정된 애착관계를 형성하지 못했거나 학대를 받은 아이들은 사람들에 대한 불신이 큽니다. 대부분의 사람들이 자신을 괴롭히고 힘들게 한다고 생각합니다. 이런 아이들은 사람들을 만날 때마다 경계하고 의심합니다. 그래서 놀이치료를 할 때도 찌꺼기나 독이 들어 있는 음식을 먹여서 인형을 죽이기도 하고, 이 세상에서 제일 맛없는 똥 음식을 먹이기도 하면서 자신이 맛봤던 인간관계를 재연합니다.

애착은 관계의 맛을 알아가게 하는 밥상입니다. 사회성이 제대로 발달하도록 하려면 부모는 아이들에게 영양소가 골고루 들어 있는 밥상을 차려줘야 합니다.

나와 타인을 이해하는 비밀지도

요즘 아이들에게 지능 및 정서 상태를 측정하는 심리평가를 실시해 보면 지능은 좋은데 유독 사회성 영역만 심하게 저하돼 있는 아이들을 심심찮게 볼 수 있습니다. 이런 아이들은 대부분 상황파악 능력이 떨어져서 친구가 왜 자신을 쳐다보는지, 친구가 자신의 머리를 때린 것이 장난인지 진심인지를 제대로 구별하지 못합니다. 그냥 툭 건드리기만 해도 때렸다고 오해하고, 친구들끼리 이야기하는 것만 봐도 자기

흉을 보는 것 같다면서 안절부절못합니다. 이런 아이들은 매사에 불평을 늘어놓다가 나중에는 피해의식까지 생겨 고립된 생활을 하기 쉽습니다. 물론 태어날 때부터 사회성에 문제가 있는 아이들도 있지만 그렇지 않은 경우라면 부모와의 애착관계를 살펴볼 필요가 있습니다.

친구들과 자주 싸워서 친구가 없는 민철이는 공부도 잘하고, 주의집중력도 좋고, 다른 문제해결 능력도 괜찮았습니다. 다만 다른 사람의 의도를 파악하고 상황을 파악하는 능력이 유독 저하돼 있었습니다. 민철이에게 엄마 아빠에 대해 질문했더니 엄마는 답이 안 나오는 사람이고, 엄마 아빠 모두가 자신을 이해하지 못한다고 말했습니다. 그런데 이런 생각은 엄마 아빠에게만 국한되지 않았습니다. 다른 사람들도 자신을 답답하게 여기고 있고, 여자애들과 선생님은 자신에게 별 관심도 없고, 대부분의 아이들이 자신을 이상한 눈으로 쳐다본다고 느끼고 있었습니다. 부모에게 제대로 이해받지 못한다는 생각이 또래와 선생님에게까지 확대된 것입니다. 민철이는 당연히 친구와 어울리지 못했고 급기야는 자신도 모르게 혼잣말을 하는 등 부적응 행동까지 보였습니다.

민철이는 어릴 때 부모님이 이혼해 농사를 짓는 할머니 손에서 자랐습니다. 할머니는 먹이고 입히는 것에는 최선을 다하셨지만 농사일에 바빠 민철이와 놀아주거나 훈육할 시간이 많지 않았습니다. 물론 어린 민철이를 집에 혼자 놔두고 일하러 다니지는 않았지만 정서적으로 민감하게 보살피고 상호작용하는 데에는 한계가 있었습니다. 민철이처럼 자신이 보내는 여러 가지 신호에 대해 적절한 반응을 받지 못한 아이는 정서조율을 제대로 하기 어렵습니다. 자신에게 일어나는 모호한 감정이 무엇인지 잘 알지 못하고 그 감정을 어떻게 처리해야 하는지도 파악할 수 없습니다. 이렇게 자신을 잘 알아차리지 못한 채 성장한 아이는 다른 사람의 마음과 감정을 헤아리기가 힘들고 어떻게 행동해야 하는지도 알지 못합니다.

이런 일은 비단 민철이 같은 처지에 있는 아이들에게만 나타나지 않습니다. 산후우울증이 심해 아이를 제대로 돌볼 수 없거나, 맞벌이나 부부갈등으로 아이에게 집중하기 어렵거나, 쌍둥이 또는 연년생 출산으로 아이 키우는 것이 버거울 때도 이런 현상이 나타납니다. 애착관계가 형성되는 시기에 아이의 욕구 또는 정서에 적절히 반응해주지 않으면 아이들은 자신을 알아가는 거울을 잃어버리는 셈입니다. 아이들은 엄마 또는 아빠라는 거울을 통해 자신의 감정을 배웁니다. 그리고 이를 바탕으로 다른 사람의 욕구와 마음을 알아갑니다.

엄마가 자신을 다루는 손길과 반응을 통해 아이는 자신의 마음을 알아가고 찾아가는 지도를 만듭니다. 이 지도는 여러 가지 상황에 대한 반응과 대처 방법이 날마다 그려지고 수정되면서 점점 완성됩니다. 이 지도는 다른 사람 눈에는 보이지 않는 비밀지도입니다. 상대에게 드러나지는 않지만 아이들은 다른 사람들과 만나 상호작용을 할 때, 자신만의 비밀지도에 그려놓은 방법에 따라 반응하고 표현합니다. 안정된 애착관계를 형성한 아이는 좀 더 융통성 있게 이 지도를 사용하고 상대방의 반응에 따라 지도 내용을 수정하기도 합니다.

이처럼 안정된 애착관계는 사람들과의 상호작용 속에서 길을 찾아주는 지도 역할을 합니다. 아이가 창조적이고 다양한 길을 만들어나갈 것인지, 융통성 없이 한 가지 길로만 갈 것인지는 부모와의 애착관계에서 결정됩니다. 안정된 애착관계는 아이에게 무엇보다 소중한 자산입니다.

세상을 향해 돌진하게 하는 든든한 배경

엄마 몸속에서 10개월 동안 있던 아이는 엄마를 한 몸으로 알고 있다가 세상 밖으로 나오는 순간 분리되는 경험을 합니다. 하지만 본격적으로 자신과 엄마를 구분하는 것은 만 1세가 되어 걷기 시작하면서부터입니다. 이때부터 아이는 엄마에게서 조금씩 독립돼가는 자신의 몸을 깨닫기 시작합니다. 걸음마가 시작되면 아이는 엄마가 도와주려고 해도 거부합니다. 이런 행동은 만 2세쯤 되면 절정에 이릅니다. 이때 아이들은 "싫어" 또는 "안 해"라는 말을 입에 달고 지냅니다. 마치 엄마에게 이 말을 하기 위해 태어난 아이들처럼 행동하지만 낯선 상황, 모르는 공간에 가면 긴장하면서 엄마에게 딱 달라붙습니다.

낯선 상황에 적응하지 못하는 아이들은 나이에 관계없이 이런 행동을 보입니다. 처음 상담실에 오면 엄마와 잘 떨어져 놀이치료실 안으로 들어오는 아이들도 있지만 만으로 다섯 살이 됐는데도 엄마에게 딱 달라붙어서 움직이지 않는 아이들도 있습니다. 이런 아이들은 엄마와 함께 상담실로 들어오게 하는데, 그래도 불안해하는 아이는 상담

시간 내내 아무것도 하지 못하고 엄마 옆에만 가만히 앉아 있습니다. 눈동자만 움직이면서 엄마 옷을 붙잡고 있거나 심지어는 엄마 무릎에 앉아 있는 아이들도 있습니다. 그러나 시간이 지나고 상황에 익숙해지면 아이들은 조금씩 움직이기 시작합니다. 처음에는 엄마 손을 잡아끌고 자신이 만지고 싶은 장난감 앞으로 가던 아이들도 차츰 엄마 곁을 떠나 놀이치료실 안을 둘러보거나 슬금슬금 장난감을 만져보기도 합니다. 다시 엄마 옆으로 와서 앉아 있다가 일어나 몇 발자국 더 움직이는 행위를 반복하다가 온 방 안을 활개 치며 돌아다니는 아이도 있습니다.

이렇게 아이들은 엄마를 안전기지로 삼고 세상을 향해 조금씩 움직입니다. 긴장감으로 온몸이 얼어붙어 있다가도 엄마만 옆에 있으면 안심하고 돌아다닙니다. 이처럼 세상을 향해 조금씩 용기를 내고 움직일 수 있게 하는 힘이 바로 애착입니다. 엄마와 안정된 애착관계를 형성한 아이들은 처음에는 바짝 얼었다가도 해동되는 시간이 짧지만, 불안정한 애착관계를 형성한 아이들은 엄마가 있어도 위안을 받을 수 없기 때문에 시간이 한참 지나도 여전히 얼어붙어 있거나 심각하게 거부하는 행동까지 보입니다. 이런 상태가 오랫동안 지속되면, 사회성뿐 아니라 다른 발달 영역에도 부정적인 영향을 미칩니다. 초기에 건강한 애착관계를 형성하지 못하면 마치 모래 위에 집을 짓는 것과 같은 결과를 불러옵니다. 애착은 사회성이라는 집을 반석 위에 짓게 될지, 아니면 모래 위에 짓게 될지를 결정하는 바로미터입니다.

안정된 애착관계로 사회성을 키우기 위하여

안정된 애착관계는 사회성 발달의 기초공사입니다. 애착을 튼튼히 하기 위해 부모는 다음과 같은 양육태도에 대해 고민하고 실천해야 합니다.

나이에 맞게 사랑하라

아이들은 날마다 성장하고 변화합니다. 부모는 자녀의 나이에 맞춰서 사랑하고 훈육하는 방법을 찾아야 합니다.

① **0세~3세** 3세까지는 부모와 건강한 애착관계를 형성하는 것이 가장 중요합니다. 애착은 아이가 주 양육자인 부모와 맺는 깊은 정서적 유대이며 아이의 발달과정에서 매우 중요한 요소로 작용합니다. 그렇다면 어떻게 해야 아이와 건강한 애착관계를 형성할 수 있을까요?

아이가 만으로 한 살이 될 때까지는 무조건 예뻐하고 해달라고 요구하는 건 뭐든 다 들어줘도 됩니다. 이 시기는 아이가 막 걷기 시작하고 말하기 시작하는 시기로서 부모의 도움 없이는 살아갈 수 없습니다. 따라서 아이에게 안정감을 주는 것이 가장 중요합니다. 아이의 기본적인 욕구를 너무 자주 지연시키면 아이는 세상과 부모를 믿을 수 없는 존재로 인식하게 됩니다. 이는 애착형성에 문제를 초래하고 이후의 발달과정에 부정적인 영향을 끼칩니다.

만 3세가 되면 신체발달과 언어 발달이 급진적으로 이뤄집니다. 그리고 이를 기반으로 서서히 부모에게서 독립할 준비를 합니다. '자율성'을 발휘하는 시기인 것입니다. 대부분의 아이들은 만 2세가 지나면 떼를 쓰고 말도 잘 듣지 않습니다. 바로 '자율성'이 발휘되고 있다는 신호입니다. 그런데 문제는 바로 이 시점부터 아이와 부모 간에 마찰이 생긴다는 것입니다. 이때의 훈육 방법은 한 살 때와는 달라야 합니다. 다 들어주는 것이 아니라 되는 것과 안 되는 것을 제대로 구분해줘야 합니다. 왜냐하면 '자율성'이란, 조절 능력과 함께 짝을 이뤄야만 비로소 완성되는 힘이기 때문입니다.

  이런 능력을 일상생활 속에서 키워줄 수 있는 방법이 있습니다. 아이가 원하는 방법대로 즐겁게 놀아주는 것입니다. 또한 밥 먹고, 옷 입고, 세수하는 등의 행동을 점차 아이 스스로 해나가도록 격려해주고 기회를 줘야 합니다. 이런 사소한 행동이 쌓여서 건강한 애착관계가 형성됩니다. 만 2세까지는 아이를 온몸으로 안아주고 이후에는 마음으로도 안아줘야 합니다.

  ② 3세 이후 아이 키우는 엄마들 상당수는 이렇게 말합니다. "3세까지가 중요하잖아요. 그래서 아이에게서 눈을 뗄 수가 없고 혼도 내기 어려워요." 맞습니다. 3세까지가 중요하기는 합니다. 그러나 아이들은 3세 이후에도 성장하고 발달합니다. 훈육 방법을 잘 조정해야 3세까지 쌓아놓은 애착관계가 더욱 튼튼해집니다.

  아이들은 3세 이후에는 엄마에게만 집중했던 관심을 아빠에게로 돌립니다. 아이의 인생에서 최초로 삼각관계가 만들어지는 것입니다.

삼각관계에서 남자아이는 점점 아빠를 닮아가려고 하고 여자아이는 엄마를 닮아가려고 하는 등 심리적 변화를 겪습니다. 이처럼 아이의 인생에 아빠가 등장하면서 아이와 엄마의 애착관계가 좀 더 자유로워집니다. 다른 사람과 친해져도 엄마와의 관계는 변함없다는 것도 압니다. 이를 경험한 아이들은 이제 또래를 적극적으로 찾아 나섭니다.

또한 폭발적으로 발달한 인지, 언어, 신체 능력을 기반으로 자신의 세계를 좀 더 넓히고 이것저것 탐색하려고 합니다. 바로 '주도성'이 발휘되는 시기인 것입니다. 주도성은 자신이 원하는 것을 외부와 협상해서 적극적으로 성취해나가려는 내적 동기로서 학교생활, 공부, 자신의 생활을 잘 관리할 수 있게 해줍니다.

그러나 이 시기에 부모의 사이가 좋지 않으면 여성의 역할과 남성의 역할을 제대로 배울 수 없고 심리적 안정을 획득할 수 없습니다. 부모는 이 시기에 아이에게 좋은 엄마 아빠의 모습을 보여주고 아이가 안심하고 부모로부터 분리되어 자기 자신을 찾아나갈 수 있도록 도와줘야 합니다. 또 세상을 적극적으로 탐색하고 또래들과 만나고 다양한 사회적 경험을 할 수 있도록 격려해줘야 합니다.

③ **초등학생** 0~1세, 1~3세, 3~6세의 각 시기에 그랬듯 아이가 초등학교에 입학하면 그 나이에 맞게 양육태도를 바꿔야 합니다. 지금까지 부모와의 관계 속에서만 영향을 받았다면 초등학생이 되어 본격적으로 사회생활을 시작하면 여러 곳에서 더 많은 영향을 받게 됩니다. 사회 집단에 적응하며 뭔가를 열심히 해서 보다 나은 결과를 얻고자

하는 욕구도 발달합니다. 따라서 공부에 대해 과도한 압력을 주는 것은 바람직하지 않습니다. 아이 스스로 뭔가를 열심히 할 수 있도록 환경을 만들어주고, 시간관리를 할 수 있도록 훈련시키는 것이 더 중요합니다.

모든 부모는 자녀를 사랑합니다. 그러나 자녀 입장에서 정말 사랑을 느낄 수 있는 방식으로 사랑해주는 것이 중요합니다. 그래야 아이들이 힘을 얻을 수 있습니다. 또한 그렇게 얻은 힘으로 다른 사람을 사랑하고 아끼고 좋은 관계를 유지해나갈 수 있습니다.

아이의 마음을 사로잡는 놀이

놀이는 유아기 자녀들에게 보약과도 같습니다. 한 연구에 따르면, 엄마가 아이의 놀이에 참여하는 시간이 많을수록 아이의 사회적 활동성, 안정성, 협조성이 증가했고 과민성은 낮아졌습니다. 내 아이와 좋은 관계를 맺고 유지하면서 정신건강에 도움을 주고 싶다면, 아이가 좋아하는 놀이를 함께 하는 것이 최선의 방법입니다. 놀이는 즐거움을 줍니다. 즐거움은 관계를 촉진시키고 긴장을 이완시켜서 편안하게 자신을 드러낼 수 있도록 도와줍니다. 단, 이때 부모가 유념해야 할 놀이 규칙이 있습니다.

① 놀이시간을 학습시간이나 설교시간으로 활용하지 마라   놀이시간은 서로 즐겁게 대화하고 웃을 수 있는 시간이어야 합니다. 틈만 나면 뭐든 가르치려고 들면 그 순간부터 놀이는 아이에게 교육이 되어버립니다. 그러면 아이는 귀를 닫고 마음의 문도 닫습니다.

② 아이의 놀이를 방해하거나 부모의 생각대로 이끌지 마라   부모가 원하는 대로 놀이를 이끌면 아이는 주도성을 잃고 자기를 표현하기 어려워집니다. 놀이의 주도권은 철저하게 아이에게 맡겨야 합니다. 그래야 창의성, 사회성, 더 나아가 인지 능력이 향상될 수 있습니다. 예를 들어 아이가 블록을 갖고 "자동차가 가요"라고 해도 "이건 블록이야. 블록으로 네가 만들고 싶은 걸 만들어봐"라고 방해하지 않는 것이 좋습니다. 그저 "오, 그렇구나. 자동차가 가고 있네"라고 받아주면 됩니다.

③ 아이가 보이는 반응에 관심을 가져라   아이와 놀이할 때는 아이의 행동과 감정에 관심을 가져야 합니다. 그래야 아이를 이해할 수 있습니다. 부모의 관심은 아이에게 고스란히 전해지고 아이는 자신에게 깊은 관심을 갖고 함께 놀아주는 부모에게 신뢰감을 갖습니다. 그리고 이러한 믿음을 바탕으로 자신을 더 적극적으로 표현합니다.

④ 아이가 나타내는 감정을 말로 설명해줘라   놀이 과정에서 아이가 느끼는 중요한 감정을 언어로 설명해주면 아이는 자신의 감정을 분명하게 인지합니다. 예를 들어 큰 기린이 작은 기린을 때리는 놀이를 할 때

"왜 때리니? 때리는 건 나쁜 거야"라는 식으로 말하지 말고 "이런! 큰 기린이 작은 기린에게 화가 났구나" 또는 "작은 기린이 큰 기린에게 맞아서 속상하겠네"처럼 구체적인 감정을 설명해줍니다. 이런 과정을 통해 아이는 다양한 감정을 보다 정확하게 알게 되고 자신의 감정을 이해해주는 엄마에게 무한한 신뢰를 갖게 됩니다.

놀이를 잘하는 방법은 아이가 더 잘 압니다. 따라서 엄마가 놀이를 이끌 필요는 없습니다. 엄마는 그저 아이와 함께 놀이를 해주는 역할만 하면 됩니다. 이럴 때 아이의 자신감이 더 높아지고 창의성이 발달합니다. 사회성은 이와 같은 놀이를 통해 무럭무럭 자랍니다.

 **Tip** 애착 발달과정

《다영역 놀이평가》에서 린더 교수는 애착 발달과정을 다음과 같이 제시했습니다.

5~8개월	• 낯선 사람들에게 낯가림을 보인다.
6~8개월	• 거울 속의 자신을 알아본다.
7~8개월	• 다른 사람도 있지만 엄마에게 특별히 의존한다. • 엄마 아빠가 아이 곁을 떠나면 울거나 따라가려고 한다.
8~10개월	• 분리될 때 불안해한다.
10~12개월	• 밖으로 나가려고 애쓴다.
12개월 이상	• 다른 사람과 자신을 구분한다. • 부모와 분리될 때 날카롭게 반응한다. • 부모와 다른 사람에게 자신의 감정을 표현한다.
12~15개월	• 엄마에게서 정서적인 위안을 찾는다.
15~18개월	• 바깥으로 나가려 한다. • 부모와 함께 장난감을 갖고 놀이를 한다.
18~24개월	• 친숙한 어른에게 가까이 간다. • 친숙한 어른에게 매달리거나 저항한다.
24~30개월	• 낯선 사람들 앞에서 수줍어한다. 부모가 인사를 시키면 숨기도 한다. • 끊임없이 부모의 관심을 끌려고 한다. • 감정을 나누거나 피곤하거나 무서울 때 부모에게 심하게 매달린다.
30~36개월	• 사진에 찍힌 자신을 알아본다. • 다른 사람이 원하는 것을 이해한다.
36~48개월	• 자신의 성별을 구분한다. • 부모와 떨어져 있어도 울지 않는다. • 다른 아이들과 어울려서 놀이를 한다.
48~60개월	• 부모를 권위자로 인식하고 가족에게 애착을 갖는다.

"애착에 뭔가 문제가 있는 것 같아요."

{ 껌딱지 아이, 눈 맞춤을 못하는 아이,
동생을 때리는 아이, 눈치 보는 아이 }

 우리 아들이 일곱 살인데 엄마와 잠시도 못 떨어져요. 특히 엄마 머리카락에 집착하는데 왜 이러는 걸까요?

아이는 지금 엄마와 분리되어 독립적인 존재로 성장하고 싶은 마음과 여전히 엄마 옆에 있으면서 엄마와 한 몸이 되고 싶은 마음 사이에서 갈등하고 있는 것으로 보입니다. 이런 갈등 속에 있을 때 아이들은 엄마 대신 애착을 형성할 대상물을 찾는데, 처음에는 엄마 몸의 일부에 집착하고 조금 더 나아가서는 물건에 애착을 형성합니다. 특히 엄마와 분리가 확실하게 이뤄지는 잠자는 시간, 모르는 사람과 만나는 시간, 교육기관에 가야 하는 상황 등의 위기에 맞닥뜨렸을 때 이런 애착물에 대한 집착이 더 강렬해지지요. 이는 유아기 아이들에게 비정상적인 행동은 아닙니다. 하지만 일상생활 속에서 엄마와 계속 분리되지 못하고 심지어 교육기관에 가는 것을 거부할 정도로 엄마와의 분리를 두려워한다면 다음과 같은 상황을 점검해봐야 합니다.

① 안정적인 애착을 형성했는가

일반적으로 아이들은 만 3세가 지나면 서서히 엄마와의 심리적 분리를 마음으로 받아들이고 세상을 향해 나아갑니다. 그런데 엄마와 안정된 애착이 형성되지 않았다면 엄마라는 안전기지가 없기 때문에 안심하고 바깥세상으로 발을 디디기가 어렵습니다.

② 아이가 기질적으로 까다롭고 예민한가

안정된 애착을 형성했다고 해도 기질적으로 예민하고 까다로우면 새로운 자극이나 예측하지 못한 자극에 노출될 때 긴장을 많이 합니다. 이런 경우에도 뭔가를 새롭게 시작하거나 익숙하지 않은 상황에 맞닥뜨리는 것을 어려워합니다.

③ 아이를 과잉보호하고 있나

과잉보호는 아이들을 건강하게 키우는 데 있어 가장 큰 독입니다. 부모 입장에서는 아이가 원하는 것을 다 해주고 피해야 할 것을 미리 다 막아주면서 최선을 다해 아이를 키운다고 하지만 오히려 이것이 아이의 건강한 발달을 막는 걸림돌이 될 수 있습니다.

그렇다면 이제 문제를 어떻게 해결하면 좋을지 하나하나씩 생각해봅시다.

첫째, 애착형성에 문제가 있다면 놀이가 약이 될 수 있습니다. 하루에 단 20분이라도 아이가 진짜 원하는 놀이를 해주세요. 이것만으로도 엄마와 건강한 관계를 형성해나가는 데 도움이 됩니다.

둘째, 아이가 기질적으로 까다롭고 예민하다면 일단 그 기질을 잘 이해하고 맞춰주세요. 이런 경우 엄마나 아이 모두 힘들 수밖에 없지만 그래도 아이보다는 엄마가 문제해결을 잘할 수 있는 위치에 있습니다. 아이가 어떤 상황에서 긴장하는지, 무엇을 힘들어하는지 알고 미리 예고해주거나 말로 공감해주세요. 그다음 엄마와 함께 그 상황을 견디는 연습을 해야 합니다. 아이가 긴장한 상태인데 부모가 "도대체 왜 이러냐"고 역정을 내거나 "빨리해봐"라고 채근하면 오히려 아이는 더 큰 긴장을 느낄 수 있으니 아이가 진정될 때까지 잠시 기다려주는 자세가 필요합니다.

셋째, 과잉보호를 하고 있다면 아이 스스로 할 수 있는 기회를 많이 주세요. 특히 엄마와 잘 분리되지 못하고 스스로 뭔가를 하는 데 자신 없어하는 아이에게 과잉보호는 독 중의 독입니다. 아이가 할 수 있는 것은 스스로 하도록 많이 격려해주고, 엄마 앞에서 실패할 수 있는 기회도 많이 허락해주세요. 이런 실패를 스스로 잘 해결하고 극복해나가는 과정을 통해 아이들은 엄마 없이도 혼자서 뭔가를 할 수 있는 존재임을 온몸으로 느끼면서 안심하고 엄마와 분리될 수 있습니다.

제 아이는 다섯 살 여자아이인데요. 남의 눈을 오래 못 쳐다봐요. 얼굴을 잡고 마주치려고 해도 눈길을 피해버려요. 돌까지는 전혀 문제가 없었는데 왜 그럴까요? 제가 남편과의 관계가 힘들어서 우울해지는 바람에 TV를 너무 많이 보여준 것 같아요. 그것 때문일까요?

　단지 눈 맞춤만 되지 않는 것인가요? 아니면 상호작용도 잘되지 않나요? 상호작용이 잘되지 않는다면 문제일 수 있습니다. 미디어에의 과도한 노출도 상호성 저하의 원인이 될 수 있지만, 부모와의 애착형성이나 놀이 부족 등도 중요한 원인일 수 있습니다.
　그러나 만약 눈 맞춤만 되지 않는 것이라면 억지로 눈을 보는 연습을 시키기보다 얼굴을 마주 보면서 하는 놀이를 많이 하는 것이 더 도움이 됩니다. 우리의 옛 놀이(쎄쎄쎄 등)도 도움이 되고 '눈은 어디 있나~ 여기' 같은 노래를 부르면서 눈, 코 등에 스티커를 붙이는 놀이를 하며 조금 더 자연스럽게 다른 사람과 얼굴을 마주 보고 이야기하는 연습을 해보세요. 이 시기에는 자꾸 말로만 가르치려 들기보다 몸으로 놀면서 자연스럽게 익힐 수 있도록 돕는 것이 좋습니다.

 일곱 살 아들이 연년생인 여동생을 자꾸 때려요. 밖에서도 친구들에게 그럴까 봐 걱정돼서 혼냈더니 '동생은 혼나지 않는데 나만 계속 혼난다. 엄마가 나를 슬프게 한다. 죽었으면 좋겠다'라면서 서럽게 우네요. 연년생을 키우다 보니 힘이 들어서 큰아이와 애착이 잘 형성되지 않은 것 같은데, 어떻게 하면 좋을까요?

　그동안 연년생을 키우면서 고군분투하셨겠습니다. 집안에서 동생을 때리는 행동을 친구들에게도 그대로 해서 또래관계에 문제가 생길까 봐 더 걱정하는 듯합니다. 우선 아들의 마음을 한번 들여다볼까요?

① 엄마의 변심은 아이에게 스트레스

동생 임신이나 출산 등으로 엄마의 태도가 이전과 달라졌다면 그 자체로 아이는 큰 스트레스를 받습니다. 그동안 별 무리 없이 받아주던 행동도 엄마가 힘들어서 자주 화를 낸다면 아이는 엄마의 그런 변심에 우울함을 느낄 수 있습니다.

② 작은 것도 크게 느끼는 예민한 아이라면

아이가 예민하고 까다로운 경우, 다른 아이보다 크게 혼내지 않았다 해도 크게 받아들여 좌절감을 느낄 수 있습니다.

③ 허용과 엄격함 사이에 일관성이 없었다면

평소에는 다 들어주고 잘한다고 칭찬도 많이 해주고 할 수 없는 게 거의 없을 정도로 허용하다가 갑자기 크게 혼내거나 엄격하게 통제하는 등 일관성이 없으면, 아이들은 자기 행동을 반성하기보다는 부당하고 억울하다는 느낌을 더 많이 갖게 됩니다. 자신의 행동을 조절할 가이드라인이 명확하지 않기 때문입니다.

④ 한번 혼낼 때 너무 호되게 혼낸다면

아이가 감당할 수 없을 정도로, 인격에 초점을 둬서 혼내면 아이는 반성하기보다는 분노합니다. 특히 아이가 어릴수록 소화하지 못할 정도로 격렬하게 혼내면 '내가 얼마나 못났으면 나를 이렇게까지 혼내나'라는 생각에 자신에 대한 확신을 갖기 어려워집니다.

이처럼 아이에게 문제가 생겼을 때는 엄마의 요인과 아이의 요인을 모두 고려해봐야 합니다. 그렇다면 이제 어떻게 대처해야 할지 한번 고민해볼까요.

첫째, 아이와 함께하는 시간의 양을 늘리고 질을 높여보세요. 아직 일곱 살이니까 아이가 좋아하는 놀이를 아이가 좋아하는 방식으로 해주는 것만큼 효과적인 방법도 없습니다. 이런 시간을 정기적으로 주 3회만 가져도 '엄마가 나를 슬프게 한다'에서 '엄마 덕분에 즐겁다'로 아이의 고백이 바뀔 수 있습니다.

둘째, 평소에 아이의 감정이나 인격을 상하게 하지 않으면서 잘 훈육해야 합니다. 아이의 마음을 읽어주고 안 되는 이유를 짧게 이야기해주고 적절한 대안을 제시해주는 방법은 그동안 제가 사용해봤던 방법 중 가장 효과적이었습니다. 이런 훈육 방법을 통해 아이는 무조건 안 되는 게 아니라 다른 좋은 방법을 찾아서 문제를 해결하면 된다는 확신을 갖게 됩니다. 그러면 억울하고 속상한 마음이 덜 생기겠지요.

아이가 마트에서 떼를 쓸 때도, "그만 죽었으면 좋겠어"라는 말을 할 때도 이 방법은 유용합니다.

① [마음 읽기] "세상에~, 죽고 싶다는 생각이 들 정도로 그렇게 속상한 거니."

②〔안 되는 이유 말해주기〕 "그런데 그런 이야기를 하면 엄마가 너무 속상해."
③〔대안 주기〕 "그러는 대신, '나 정말 화났어요'라고 말해야 해."

그런데 아이가 너무 속상한 상태라면 이런 정도의 대안으로는 문제가 해결되지 않을 수 있습니다. 그럴 때는 "그럼 어떻게 하면 네 화가 풀리겠어?"라고 아이가 직접 대안을 만들어볼 기회를 주기 바랍니다.

셋째, 평소 엄마의 양육 및 훈육 태도를 잘 점검해보세요. 너무 일관성 없거나 지나치게 엄격하거나 신경질적이었거나, 변심한 것이 너무 티 났다면 아이 입장을 고려해서 아이에게 혼동을 주지 않고 안정감을 줄 수 있는 방법을 찾아야 합니다.

 네 살 된 여자아이인데, 저와 잘 놀다가도 갑자기 잘못했다고 하면서 손을 싹싹 빕니다. 친구들과 놀 때도 자꾸 친구들 눈치를 보는 것 같아서 많이 속상합니다. 제가 평소에 좀 엄격한 편이고, 아이와 노는 게 재미없어서 건성으로 시간을 보내기는 합니다. 이런 것도 애착의 문제인가요?

아마도 아이는 지금 뭔가 자기 마음에 들지 않거나 마음대로 잘되지 않으면 이를 이상하게 여기고 당연히 자신이 혼나야 한다고 생각하는 듯합니다. 이런 경우, 또래관계를 포함한 다른 사람들과의 관계에서도 상대방의 눈치를 살피는 행동을 할 수 있습니다. 그렇다면 이런 행동은 왜 하게 되는 것일까요? 여기에는 몇 가지 원인이 있을 수 있습니다.

① 아직 자신의 감정을 명확히 깨닫지 못했다

어린아이들은 자기 마음속에 일어나는 감정을 명확히 알아차리기 어려울 때가 많습니다. 쾌와 불쾌의 감정은 명확히 알지만 그 외 세부적인 감정은 쉽게 알아차리지 못하는 경우가 많지요.

② 엄마와 심리적으로 분리되지 않았다

엄마와 심리적으로 분리가 잘되지 않은 아이들은 자기가 화났을 때 엄마가 화난 것으로 느낍니다. 그러니 당연히 화가 난 엄마가 자신을 혼낼 것이라고 생각하지요.

③ 혼난 기억이 너무 강렬해서 또 혼날까 봐 겁을 먹었다

예민한 아이들은 엄마는 그냥 있었는데도 눈빛이 달라졌다거나 말투가 조금만 달라져도 곧장 겁을 먹기도 합니다. 이런 아이들은 조금만 혼나도 크게 혼났다고 생각해서 다음에도 쉽게 겁을 먹습니다. 또한 이렇게 예민한 아이가 아니더라도 아이가 소화할 수 없을 만큼 크게 혼이 나면 그다음부터도 계속 혼나는 상황에 예민하게 반응할 수 있습니다.

자, 그렇다면 어떻게 하면 좋을까요?

첫째, 가르치기보다 공감이 우선입니다. 이럴 때는 "네가 잘못한 게 아니야"라고 말해줘도 아이가 잘 받아들이지 못합니다. 대신 그 상황을 잘 지켜보다가 "아, 이게 네 마음대로 안 됐구나", "아, 이게 잘못

끼워졌구나. 그래서 놀랐어~"라는 식으로 아이의 진짜 마음을 알아내 말로 표현해줘야 합니다. 이런 엄마의 태도를 보고 '내 마음대로 되지 않아서 내가 지금 놀라고 당황했구나'라고 자신의 마음을 잘 이해할 수 있습니다. 또한 '이걸 잘못했으니 당연히 혼나야 해'라는 생각에서 벗어날 수 있습니다.

둘째, 평소 아이 스스로 할 수 있는 일을 많이 만들어주세요. 혼자서 장난감도 치워보고 밥도 먹는 등 엄마 도움 없이 할 수 있는 일이 늘어갈수록 무조건 잘못했다고 비는 행동이 확연히 줄어들 것입니다.

셋째, 아이가 뭔가 잘 안 돼서 속상해한다면 그 과정을 잘 극복하도록 도와주세요. "잘할 거야", "잘했어" 등처럼 평가하기보다 "이걸 지금 ○○하고 있네", "아~ 어떻게 할지 생각해보는 거야?" 등 아이가 해내는 과정에 집중해주세요. 엄마의 따뜻한 지지를 바탕으로 아이는 잘되지 않아서 속상하고 당황스러운 마음을 잘 극복해낼 수 있습니다.

넷째, 엄마의 반응을 오해할 때는 빨리 설명해서 이해시켜주세요. 예민한 아이들은 엄마 표정이 조금만 달라져도, 숨소리만 커져도 긴장하고 불안해합니다. 아이가 혹시 엄마의 반응에 민감해서 혼날까 봐 지레 겁을 먹는다면 엄마의 행동을 잘 설명해줘야 합니다. "아, 엄마가 눈을 크게 떠서 너 놀랐구나? 잘못했다고 그러는 줄 알았어? 이런, 아닌데, 엄마는 그냥 잘 보려고 눈을 크게 뜬 거야"라는 식으로 잘 설명해주세요. 이렇게 몇 번 반복하면 선생님의 행동, 친구의 행동에도 잘 겁먹지 않을 겁니다.

Keyword 3

이해와 공감의 기둥, 정서지능

놀이터에서 한 무리의 아이들이 놀고 있습니다. 이 아이들을 관찰해 보면 노는 모습이 제각각입니다. 다른 아이들을 통솔하면서 놀이를 잘 이끄는 아이, 토라져서 무리에서 빠져나와 혼자 놀고 있는 아이, 자기 생각이나 의견 없이 남이 하자는 대로 따라 하기만 하는 아이, 자기 뜻대로 하지 않는다고 화를 내는 아이, 친구들 앞에서는 아무 말도 못하고 있다가 집에 와서 엄마 앞에서 화를 내고 신경질을 부리는 아이 등 다양한 특징이 보입니다. 이러한 모습만 봐도 사회성 좋은 아이와 그렇지 않은 아이를 판별해낼 수 있습니다. 그렇다면 왜 이런 차이점이 있는 걸까요?

상담센터에 오는 엄마 중에는 "아무래도 남편을 닮은 것 같아요. 시어머님이 하는 말씀이 애가 하는 행동이 어릴 때 남편이랑 똑같대요. 남편도 다른 사람들 앞에서 말 한마디 못했답니다"라고 이야기하는 분들이 많습니다. 이 이야기가 맞는다면 사회성은 타고나는 것입니다. 어떤 엄마는 "우리 부부 중 아무도 애처럼 어렸을 때 친구에게 막 대하지는 않았어요. 애는 도대체 왜 이러는 걸까요?"라고 하소연하기도 합니다. 이 이야기가 맞는다면 사회성은 타고나는 게 아니겠지요. 그렇다면 도대체 사회성은 어떻게 생겨나고, 무엇이 사회성 좋은 아이로 이끄는 것일까요?

해답은 정서적 능력입니다. 똑똑하다고, 먹을 것을 나눠준다고 해서 친구들과 잘 지내는 건 아닙니다. 그림을 잘 그려 아이들에게 만화 캐릭터를 멋지게 그려준다고 해서 친구들을 잘 사귀는 것도 아닙니다. 친구들과 잘 지낼 수 있는 요건은 똑똑함, 재능같은 외적 조건에 있지 않습니다. 다른 사람의 마음을 잘 헤아리고 공감하는 능력에 달려 있습니다. 이러한 능력을 우리는 정서지능(Emotional Intelligence, EQ)이라고 부릅니다. 똑똑해야 성공하고 행복하게 산다는 IQ 신화는 점점 깨지고 있습니다. 건강은 물론 사회생활, 학습 등 모든 부문의 행동을 자극하며 사람들과 행복하게 살아가도록 돕는 EQ가 점점 더 주목받고 있습니다. 아이가 건강하고 행복하고 성공적으로 살아가기를 바란다면 이제 정서지능에 주목해야 합니다.

인생의 성공을 예언해주는 정서지능

영재 판정을 받은 다섯 살 주이는 게임을 하다가도 조금만 자기 생각과 다르면 게임 판을 확 뒤집고 "집에 갈 거예요" 하면서 울먹입니다. 자기 마음대로 안 되면 표정이 굳어지고 화를 냅니다. 주이는 똑똑하지만 유치원 아이들과 어울리지 못해서 결국 유치원을 그만뒀습니다.

지능검사 결과 IQ 120 이상의 우수한 지능을 가진 것으로 판정받은 일곱 살 현중이는 유치원에서 아이들을 때리고 잘 어울리지 못해 상담센터에 왔습니다. 상담 중에 아이의 마음에 공감해주면 "아니에요"라면서 오히려 화를 냈고, 조금만 민망해져도 주먹을 쥐고 "어우 씨!" 하면서 상담자를 협박하거나 혀를 내미는 등 감정과 행동이 불일치하는 모습을 계속 보였습니다.

3학년 기찬이는 언어 능력이 뛰어나 학교에서 두각을 나타내는 아이입니다. 그런데 친구들과의 마찰이 끊이질 않아서 급기야는 학교 가기가 싫어진 상태입니다. 기찬이와 상담을 하다 보면 상담자인 저도 슬슬 화가 날 때가 있습니다. 자신이 하고 싶은 말만 하고 "그래서 그것 때문에 네 마음은 어땠는데?"라고 물어보면 "시끄러워요!", "몰라요!"라고 거칠게 말하곤 합니다. 또 비아냥거리면서 "쳇, 그런가 보지요, 뭐"라고 말해 더 이상 대화하고 싶은 마음이 생기지 않게 만들어 버립니다.

4학년 현철이는 매우 영리한 아이입니다. 잘하고 싶은 욕심도 많고 집중력도 있어서 시험 성적은 항상 우수했습니다. 그러나 남의 이야기는 잘 듣지 않고, 자신의 생각을 따르지 않으면 화를 내기 일쑤여서 친했던 친구들도 차차 현철이 곁을 떠나갔습니다.

자! 여기 영민하고 재능이 넘치는 아이들이 있습니다. 그러나 이 아이들은 행복할까요? 예전에는 행복보다는 성공이 더 중요했습니다. 당연히 지능에만 관심을 기울이고 지능이 성공의 척도라고 생각했습니다. 1990년 존 메이어(John Mayer)와 피터 샐로비(Peter Salovey)가 '정서지능'이라는 용어를 최초로 사용하면서 정서지능, 일명 EQ라는 개념이 세상에 소개됐습니다. 이들은 "정서지능이란 자신과 타인의 정서를 평가하고 표현할 줄 아는 능력, 자신과 타인의 정서를 효과적으로 조절할 수 있는 능력, 자신의 삶을 계획하고 성취하기 위해서 정서를 활용할 줄 아는 능력"이라고 말했습니다. 이후 1995년 다니엘 골먼(Daniel Goleman)이 저술한 《정서지능》이라는 책이 〈타임〉지에 소개되면서 정서지능이라는 개념이 더 많이 알려졌습니다.

골먼은 지능은 높지만 사회적으로 성공하지 못하는 사람과 지능이 낮더라도 성공적인 삶을 살아가고 있는 사람들에 대해 설명하기 위해 정서지능이라는 개념을 사용했습니다. 그리고 그 후 정서지능을 자신과 타인의 감정을 인식하고 타인과의 관계 속에서 정서를 잘 다루는 능력이라고 정의하고 세부적으로는 자기인식 능력, 자기관리 능력, 사회적 인식 능력, 관계관리 능력 네 가지로 구분했습니다. 골먼의 정의를 보면 정서지능이 사회성과 직결된다는 것을 알 수 있습니다. 정서지능은 사회성, 진실성, 온정과 같은 인간관계의 선함을 받쳐주는 능력입니다. 아이들의 사회성을 증진시키기 위해서는 정서지능의 발달이 무엇보다 중요합니다. 반갑게도 이 능력은 선천적인 것이 아니라 경험과 교육을 통해 후천적으로 습득할 수 있습니다.

영유아기의 정서 경험은 뇌에 새겨진다

다른 사람의 정서를 이해하는 능력은 영아기 때부터 발달합니다. 6개월이 되면 아이들은 웃는 얼굴과 찡그린 얼굴을 구분할 수 있고 다른 사람의 정서에 영향을 받습니다. 8~10개월만 돼도 부모의 표정과 반응을 살핍니다.

이를 증명하기 위해 한 살 된 아이들에게 '시각절벽 실험'을 했습니다. 아이들 눈에 절벽처럼 보이는 환경을 만들어놓고 엄마에게 재미있는 장난감을 들고 반대편에 서 있게 했습니다. 이때 엄마가 기쁨과 호기심의 감정을 표현하면 아이들은 엄마가 있는 쪽으로 기어갔지만 엄마가 분노나 공포의 감정을 표현하면 대부분 엄마에게로 가지 않았습니다. 다른 실험에서도 마찬가지였습니다. 아이들에게 움직이는 장난감을 주면서 엄마가 미소를 지으면 장난감이 있는 곳으로 다가갔지만, 엄마가 어두운 표정을 짓고 있으면 다가가지 않았습니다. 이런 반응을 사회적 참조라고 합니다. 사회적 참조란 불확실한 상황을 판단하기 위해 다른 사람의 정서적 반응에 의존하는 것을 말합니다.

아이들은 엄마와의 상호작용 속에서 엄마가 드러내는 감정을 통해 자신이 어떻게 행동해야 할지를 가늠합니다. 따라서 엄마는 아이와 충분히 상호작용하고 정서 및 행동에 대한 분명한 신호를 보내줘야 합니다. 아이가 혼동하지 않고 엄마의 감정을 잘 알아차릴 수 있도록 말이지요. 이럴 때 아이의 뇌에서는 다른 사람의 감정을 알아차리고 반응하는 신경회로가 안정적으로 발달합니다. 그러나 엄마와의 상호작용이 충분하지 않거나 불확실하고 충격적인 사건을 계속 경험하면 아이는 불안정한 정서반응을 뇌 속에 그대로 새깁니다. 그리고 과거와 유사한 상황을 맞이하면 그 상황을 객관적으로 판단하기도 전에 어린 시절 뇌 속에 새긴 정서로 모든 것을 판단하고 엉뚱한 행동을 합니다.

예를 들어, 아빠에게 혼이 많이 났던 아이는 아빠와 비슷한 사람을 만나면 당시의 얼어붙었던 정서를 순식간에 느끼면서 이유 없이 눈치를 살피거나 위축된 행동을 합니다. 아이가 불안한 정서를 극심하게 반복적으로 경험했다면 작은 자극에도 쉽게 동요되고, 작은 사건이 도화선이 되어 자신이 도저히 감당할 수 없는 상태에 다다를 수도 있습니다. 그 결과 자신을 포함한 그 누구도 도저히 이해할 수 없는 행동을 하게 됩니다.

이런 행동은 정서지능이 계속 발달하는 청소년기에도 빈번하게 나타납니다. 감정을 통제하는 뇌 회로는 사춘기 후반인 16세에서 18세에 이를 때까지 계속 성장합니다. 이처럼 정서지능이 오랫동안 계속해서 성장하기 때문에 영유아기뿐 아니라 초등학교 시기에 겪는 감정과 경험도 정서지능 형성에 큰 영향을 미칩니다. 골먼은 아동기와 10대에 반복되는 감성적 행위의 습관이 감성회로 형성에 상당한 영향을 미치므로 이 시기가 정서지능 학습에 중요한 시기라고 말했습니다.

이처럼 정서가 사람에게 미치는 영향은 매우 큽니다. 정서가 안정되면 이성과 논리도 안정되어 충분히 객관적인 판단을 할 수 있고, 다른 사람의 의도와 마음을 오해하지 않고 잘 받아들일 수 있습니다. 또한 책임감은 물론 학습능력도 충분히 발휘할 수 있게 됩니다. 반면에 정서가 불안정하면 이성적이고 논리적인 능력도 제대로 발휘할 수 없을 뿐더러 사회성 발달에 큰 타격을 주고, 다른 영역에도 부정적인 영향을 미칩니다.

사랑받는다는 확신이 들 때 아이들의 정서는 안정됩니다. 그리고 이를 기반으로 다른 사람과 좋은 관계를 맺을 수 있습니다. 자신과 다른 사람을 사랑하는 능력은 혼자서 만들어낼 수 없습니다. 다른 사람에게 사랑받지 못한 사람은 자신을 사랑할 수도 없습니다. 사회성은 타고나는 것도, 혼자서 만들어내는 것도 아닙니다. 사회성은 오직 다른 사람과의 긍정적 상호작용을 통해 만들어집니다. 사랑받고 있다는 느낌과 사랑을 줄 수 있는 능력이 조화를 이룰 때 비로소 사회성은 그 꽃을 피웁니다.

정서조절 능력은 안정된 관계 속에서 싹튼다

신라 선덕여왕 때 지귀라는 젊은이가 있었습니다. 지귀는 어느 날 서라벌에 나왔다가 지나가는 선덕여왕을 봤습니다. 너무나도 아름다운 여왕의 모습에 한눈에 반한 지귀는 여왕을 마음속 깊이 사모하게 됐고 이후 잠도 자지 않고 밥도 먹지 않고 정신 나간 사람처럼 선덕여왕만 부르다가 그만 미쳐버리고 말았습니다. 그러던 어느 날, 선덕여왕이 불공을 드리기 위해 행차를 하는데 지귀가 선덕여왕을 부르면서 따라가다가 그만 사람들에게 붙잡혔습니다. 이를 본 선덕여왕은 지귀에게 자신을 따르게 하고는 절에 들어가 부처에게 기도를 올렸습니다. 그동안 지귀는 절 앞의 탑 아래에 앉아서 여왕이 나오기만을 기다렸습니다. 한참을 기다려도 여왕이 나오지 않자 지귀는 그만 잠이 들고 말았습니다. 여왕은 기도를 마치고 나오다가 탑 아래에서 잠들어 있는 지귀를 보고는 가여운 마음에 자신의 금팔찌를 빼서 지귀의 가슴 위에 올려놓고 궁으로 돌아갔습니다. 잠에서 깬 지귀는 자신의 가슴 위에 놓여 있는 여왕의 금팔찌를 보고 사모의 정이 더욱 불타올랐고 급기야는 가슴뿐 아니라 온몸이 불덩어리가 되어 온 거리를 불바다로 만들어버렸습니다. 이후 지귀는 불귀신으로 변해 온 세상을 떠돌아다니게 됐습니다.

이 이야기는 신라시대 때 만들어진 지귀 설화입니다. 지귀는 왜 온몸이 불덩어리가 되어 자신도 태우고 다른 사람도 태워버리게 되었을까요? 바로 사랑받고 싶은 마음 때문입니다. 자신의 모든 것을 다 바쳐 지귀가 사랑받고 싶었던 대상이 선덕여왕이었다면, 아이들의 경우 가장 사랑받고 싶은 대상은 누구일까요? 바로 부모입니다. 엄마 아빠와 좋은 관계를 맺고, 언제든지 상호작용할 수 있고, 부모가 심리적으로 안정을 준다면 사랑해달라고 애원할 필요가 없겠지요. 어쩌다 한 번 사랑받지 못했다고 해서 감정이 폭발하는 일도 없을 것입니다. 아이들은 부모와의 안정된 관계 속에서 정서가 안정되고, 이를 기반으로 자신의 감정을 조절할 수 있게 됩니다. 정서지능 발달에 있어서 가장 중요한 밑거름은 바로 부모와의 관계입니다.

정서지능의 발달단계를 보면 정서인식과 정서표현 능력이 먼저 발달하고 정서조절 능력은 나중에 발달합니다. 부모는 아이들이 안정되고 편안한 관계 속에서 자신의 감정을 잘 알아차릴 수 있도록 도와주고, 이것을 두려움 없이 말로 표현할 수 있게 해줘야 합니다. 그래야 자신에게도 이익이 되고 상대에게도 이익이 되는 좋은 삶의 방법을 찾아낼 수 있습니다.

생각과 마음 사이의 균형 잡기

상담시간에 늦어서 허겁지겁 들어온 여섯 살 민영이는 다짜고짜 엄마에게 화를 내기 시작했습니다. "여기까지 걸어와서 힘들단 말이야. 내가 아프면 좋겠어?"라고 물으며 울먹였습니다. 엄마의 이야기를 들어보니 버스를 타고 왔는데 교통 혼잡으로 차가 움직이지 않아 멀리서 내려 걸어왔다는 것입니다. 오는 내내 "다리 아프다, 힘들다, 죽을 것 같다"라고 화를 내는데 엄마는 속에서 천불이 나는데도 사람들이 있어서 꾹 참고 왔다고 했습니다.

초등학교 5학년인 소미는 둔하고 어설픈 행동 때문에 항상 지적을 받았습니다. 그러다 보니 친구들과 어울리기는 하지만 친한 친구도 없고 겉돌았습니다. 매사에 정확하고 분명한 성격의 소미 엄마는 당연히 이런 소미가 마음에 들지 않아 사사건건 지적하고 혼을 내곤 했습니다. 한번은 소미와 엄마를 함께 상담했는데, 소미가 어설픈 행동을 하자 소미 엄마가 엄격한 눈으로 아이를 쳐다봤습니다. 그때 놀랄 만한 일이 발생했습니다. 갑자기 소미의 눈동자가 풀리더니 침을 흘리는 것이었습니다. 소미 엄마는 당황했고 소미의 멍한 상태는 쉽게 풀리지 않았습니다. 5학년 소미가 엄마의 엄한 눈초리 하나에 침까지 흘린다는 사실이 도무지 이해가 되지 않았습니다.

초등학교 1학년 민철이는 학교에서 일명 '짱'으로 불리는 아이였습니다. 등교 때마다 골목에서 자신보다 약해 보이는 아이들의 돈을 뺏고, 공격적이고 과격한 행동을 해서 상담센터에 오게 됐습니다. 민철이는 상담 중에 모래상자 속에 있는 모래를 바닥에 확 뿌린다든지, 장난감을 일부러 부수는 행동을 끊임없이 하면서 제 눈치를 살폈습니다. 어느 날 민철이와 보드게임을 하고 있었는데 게임에서 지자 갑자기 제 얼굴에 주먹을 날렸습니다. 물론 제가 빨리 피해서 주먹이 턱을 살짝 스치는 정도로 끝났지만 아찔한 순간이었습니다. 제가 아이에게 맞았다면 아이는 죄책감이 들 것이고 상담관계는 깨졌을 겁니다. 그래서 폭력을 쓰거나 장난감을 부수는 몇 가지 행동은 반드시 제한하고 있습니다. 민철이도 이 규칙을 알고는 있었지만 게임에서 졌다는 사실이 순식간에 이성적 판단을 방해해 진정시킬 틈도 없이 공격적인 행동을 하게 된 것입니다. 그러나 민철의 이런 행동에는 다른 이유도 있습니다.

민철이 아빠는 알코올 중독자였습니다. 술을 마시고 새벽에 귀가하는 일이 잦은 아빠는 민철이가 눈에 띄면 때리기도 했고, 엄마 역시 아빠가 휘두르는 폭력에 고스란히 당하고 있는 상태였습니다. 그래서 민철이는 아빠가 집에 오기 전에 집을 나갔고, 마음속에 있던 화를 자신보다 약한 아이들을 괴롭히며 풀었던 것입니다. 엄마도 함께 폭력을 당하는 처지라 민철이를 보호하고 위로해줄 여유가 없었습니다.

앞에서 살펴본 민영이와 소미와 민철이는 감정이 이성적 판단을 방해하는 전형적인 사례입니다. 우리에게는 생각하는 머리와 느끼는 마음이 있습니다. 이 두 가지는 상호작용하면서 서로에게 도움을 주기도 하고 심각하게 방해하기도 합니다. 머리는 이성적, 논리적, 체계적 특성을 갖고 있지만 마음은 비이성적, 비논리적, 비체계적 특성을 갖고 있습니다. 마음을 잘 달래면 생각이 제 역할을 할 수 있도록 적극적으로 돕지만 마음이 분노, 슬픔, 긴장감 등으로 가득 차면 생각을 방해합니다.

민영이는 어릴 때부터 잔병치레가 많아 평소에 엄마가 아이를 많이 염려했습니다. 조금만 날씨가 춥거나 더워도 밖에 나가지 못하게 해서 그런지 아이는 힘든 상황에 대한 인내력이 부족했고 이러한 습관이 '내가 죽어도 좋으냐'라는 식의 과도한 감정을 표현하게 만든 것입니다. 소미는 엄마의 엄한 눈초리에 압도되어 긴장하는 순간 이성적 판단이 얼어붙어버렸습니다. 이처럼 비이성적이고 무질서한 감정은 이성적이고 논리적인 이성이 제 역할을 하지 못하도록 방해합니다. 민철이는 폭력적인 아빠 때문에 생기는 긴장과 불안을 조절해주고 달래주는 사람이 없어서 자신의 감정과 그 감정을 어떻게 조절해야 하는지 알 방법이 없었습니다. 그래서 작은 자극에도 활화산처럼 감정이 폭발했고 그동안 자신이 경험했던 폭력적인 모습으로 자기 감정을 표출하게 된 것입니다.

정서지능은 감정을 적절히 조절해 제 역할을 할 수 있게 만드는 능력으로 아이의 사회성 발달과 직결됩니다. 정서지능이 높은 아이는 자신의 감정을 잘 다스리면서 다른 사람의 마음을 이해하고 적절히 반응합니다. 화가 나도 조절할 수 있어서 아이들과의 관계가 좋을 수밖에 없습니다. 정서지능 발달을 위해서는 부모가 아이의 감정을 잘 알아주고 위로해주고 조절해주는 역할을 해야 합니다. 그러려면 아이의 감정을 억압하는 일이 없어야 할 것입니다. 부모에게 좋은 모델을 학습한 아이들은 밖에 나가서도 다른 사람의 감정을 잘 이해하고 나아가 좋은 리더로 성장할 수 있습니다.

다른 사람의 마음을 읽고 이해할 수 있는 힘

처음 만났을 때부터 친근감을 보이던 초등학교 3학년 소정이는 친구관계가 어렵고 자주 배와 머리가 아프다고 해서 상담센터를 찾았습니다. 대기실에서 처음 만났는데도 어색해하지 않았고 상담실 안에 들어와서도 별 어려움 없이 자신의 이야기를 했습니다. 스스로도 친구와의 관계가 너무 힘들고 어렵다고 했습니다. 자신은 별다르게 한 것도 없는데 선생님이 갑자기 "너는 왜 너 하고 싶은 대로만 하려고 하니?" 하면서 혼을 내기도 했고, 친구들도 자신만 빼놓고 편을 짜서 놀곤 한다는 것입니다. 그런데 자신에게 왜 이런 일이 생기는지 도저히 이해가 되지 않는다고 했습니다. 소정이는 이런 상황이 답답하기만 하다고 말했습니다.

 올해 여섯 살인 정미는 쉽게 상담실에 들어오지 못해 엄마와 함께 들어왔습니다. 그러나 곧 장난감이 많은 방을 보고는 안심이 됐는지 엄마가 밖에 나가 있어도 된다고 했습니다. 정미는 유치원에서 하는 케이크, 떡국 등 음식 만드는 놀이는 재미있지만 친구들이 괴롭혀서 힘들다고 했습니다. 그러나 친구들이 언제 괴롭히는지 묻자 "몰라요"라고 대답했습니다. 또 동생이 자꾸 때려서 화가 난다고 해서 그때 어떻게 대처하는지 물어도 여전히 "몰라요"라고 대답했습니다.

 소정이와 정미가 어려움을 겪는 이유는 바로 조망수용 능력 부족하기 때문입니다. 조망수용이란 자기중심적 사고에서 벗어나서 자신뿐 아니라 다른 사람의 생각이나 느낌을 동시에 이해하는 능력입니다. 소정이와 정미는 자기 입장에서만 상황을 파악하지 다른 사람 입장에서는 생각하기 힘들어했습니다. 조망수용 능력을 처음으로 이야기한 사람은 발달심리학자인 피아제입니다. 피아제는 아이의 인지 발달에 대한 탁월한 이론을 정립한 학자입니다. 피아제는 만 2세에서 7세까지를 전조작기(Preoperational Period)라고 명명하고 이 시기에는 자기중심적 특징이 있기 때문에 다른 사람의 입장을 생각하기 어렵다고 했습니다. 그러나 최근에는 아이가 6~7세쯤 되면 어떤 행동이 의도된 것인지 의도되지 않은 것인지 구별하는 정도의 기본 능력은 갖추게 된다고 말하는 사람들도 있습니다.

 일반적으로 3~6세까지는 자신의 생각과 다른 사람의 생각이 다르다는 것을 완전하게 구분하지 못하지만 6~9세쯤 되면 사람들이 제

각각 다른 생각을 할 수 있다는 것을 이해하기 시작합니다. 하지만 이 둘을 정확하게 구분하지는 못하고 주관적으로 파악하는 정도입니다. 9~12세가 되면 자신의 생각과 행동을 객관적으로 볼 수 있고 다른 사람의 생각이나 감정도 이해하고 예측할 수 있게 됩니다. 12세 이후부터는 객관적인 입장에서 자신과 다른 사람의 관점을 통합하고 사회라는 전체적 관점에서 양자의 입장을 고려할 수 있습니다. 이처럼 사회

 Tip 나이에 따른 정서 발달단계

나이	정서
출생 시	흥미, 선천적 미소, 고통, 혐오
3주~3개월	사회적 미소, 기쁨(사람 목소리에 기분 좋게 반응함)
3~4개월	슬픔, 놀람, 분노
5~7개월	두려움, 공포
6~8개월	수치심, 수줍음
9개월	두려움(엄마와의 분리에 대한 두려움)
1세 말	상황에 맞는 정서 파악 가능(희로애락)
2세~취학 전	타인의 정서를 흉내 냄
3세	상상놀이를 통해 정서 표현
5~7세	타인의 정서에 공감
6세	정서를 숨길 수 있음
7세	분노 통제가 가능해짐
9세	고의적인 것과 우연적인 것 구별
청소년기까지	도덕성 발달

성 발달에 필수적인 조망수용 능력은 성장하면서 지속적으로 발달하지만 저절로 생겨나지는 않습니다. 이론적 경험도 도움이 되지만 인간관계에서 여러 가지를 경험하면서 더욱 발달합니다. 조망수용 능력은 학습과 직접적인 경험을 통해 발달하므로 아이가 자신의 입장과 다른 사람의 입장을 고려해 적절한 판단을 내리고 상황에 맞는 행동을 하게 하려면 다양한 사회적 경험을 제공해줘야 합니다. 밖에 나가면 사고를 치니까 또는 귀찮아서 아이를 집 안에만 있게 한다면 사회성은 제대로 발달할 수 없습니다.

자기표현을 잘해야 사회성이 자란다

초등학교 3학년 수정이는 아주 예쁜 외모에 태도도 어른스러웠습니다. 그런데 막상 자신의 생각이나 감정을 표현해보라고 하면 오래 망설였고, 얼굴에는 웃음기가 거의 없었습니다. 숙제는 늘 잘해갔지만 성적은 노력한 만큼 나오지 않았습니다. 수정이 엄마와 아빠는 이런 수정이가 답답했습니다. 엄마는 근심이 가득한 눈으로 저를 쳐다보며 이렇게 말했습니다. "저는 아이가 공부 잘하는 것 그렇게 원하지 않아요. 그냥 행복하게 살았으면 좋겠는데, 친구들하고도 잘 지내는 것 같기는 한데……."

일곱 살 지현이는 친구들이 때려도 울기만 하고 아무런 대응을 하지 못했습니다. 심지어 동생이 자기 물건을 빼앗아도 가만히 있거나 울어버린다며 엄마는 속상해했습니다. 아니나 다를까 지현이는 제가 묻는 질문에 아주 작은 목소리로 대부분 "몰라요"라고 대답해 상담을 진행하기 어려웠습니다. 곧바로 놀이평가를 시작했지만 지현이는 장난감을 쳐다보다가 공주인형 몇 개를 둥그렇게 세워놓고 다시 일렬로 세우는 등의 단순한 동작만을 반복했습니다. 그런데 엄마가 들어와서 함께 상호작용 평가를 하자 큰 목소리로 "이거 하자" 하면서 놀이를 척척 진행했습니다. 그러면서 엄마의 말은 듣는 둥 마는 둥 자신이 하고 싶은 말만 했습니다.

수정이와 지현이는 자기표현을 제대로 못하는 아이들입니다. 수정이는 남의 말을 잘 듣는 것 같지만 자기 생각이나 마음을 잘 표현하지 못하는 아이입니다. 지현이는 편안한 사람 앞에서는 자기 마음대로 하고, 자기를 안 받아줄 것 같은 사람이나 처음 보는 사람 앞에서는 눈치를 살피는 아이입니다. 자기표현이 부족하면 사회성의 통로인 의사소통에서 어려움을 겪을 수밖에 없습니다. 자기 이야기만 하거나 남의

 Tip 정서지능이 높은 아이 vs. 낮은 아이

정서지능이 높은 아이	정서지능이 낮은 아이
• 자신의 정서를 잘 이해하고 조절할 수 있다. • 학습능력이 좋다. • 친구관계 및 사회적 관계를 잘 형성한다.	• 자신의 정서를 잘 이해하지 못하고 조절하지 못한다. • 친구를 못 사귄다. • 새로운 상황에서 지나치게 수줍어한다. • 위축, 과잉행동, 공격성 등 문제행동을 일으킨다.

이야기를 듣기만 하는 것은 의사소통이 아닙니다. 함께 주고받아야 비로소 의사소통입니다. 화려한 화술을 뽐내거나 불같이 화를 내서 상대방의 입을 막는 것은 당장은 효과가 있지만 진정성과 배려가 없어 오래갈 수 없습니다.

자기표현을 잘하기 위해서는 우선 자신의 감정을 잘 인식해야 합니다. 이러한 능력은 부모와의 상호작용을 통해 길러집니다. 자기표현력을 길러주려면 엄마 아빠는 아이의 이야기를 잘 들어야 하고, 이해한 바를 요약하고 정리해서 아이에게 전달해줘야 합니다. 그다음 아이가 느꼈을 마음에 대해 표현해줍니다. 이것이 바로 '마음 읽기'입니다. 가능하다면 아이가 자신의 마음을 표현할 수 있도록 질문을 하는 것도 도움이 됩니다.

예를 들어볼까요. 아이가 친구와 싸우고 들어왔을 때, 엄마는 먼저 아이의 이야기를 귀 기울여 듣고 "친구가 너를 돼지라고 놀렸단 말이지?(요약정리하기)? 그래서 화가 났구나!(마음 읽기). 그 친구에게 어떻게 해주고 싶었는데?(질문하기)"라고 정리해주면서 훈련을 시킨다면 아이는 차츰 자연스럽게 자기표현을 할 수 있습니다.

정서지능 발달을 위하여

정서지능이 뒷받침돼야 사회성이 발달합니다. 정서지능은 저절로 발달하지 않습니다. 부모의 양육태도가 중요한 역할을 합니다.

아이가 느끼는 감정을 구체적인 언어로 표현해주기

다른 사람과 좋은 관계를 유지하고 사회성 좋은 아이로 성장하려면 자신의 감정을 정확히 알아야 합니다. 자기 감정을 잘 아는 아이는 다른 사람의 마음도 잘 압니다. 그러나 아이들은 자신의 감정을 파악하는 일이 서툽니다. 그저 부모의 표정과 말을 통해 자신의 감정상태를 겨우 파악하는 정도입니다. 그러므로 부모는 아이가 자신의 감정을 제대로 파악하고 잘 표현할 수 있도록 도와줘야 합니다. 아이가 옹알이를 할 때부터 언어 능력이 부족해서 표현하지 못하는 감정에 대해 공감해주고 말로 표현해줘야 합니다.

아이의 감정을 단어로 표현해줄 때는 아이의 감정과 생각, 행동을 잘 연결해서 말해줘야 합니다. 예를 들어 아이가 블록을 갖고 놀다가 잘 끼워지지 않아 신경질을 내며 블록을 던지면 엄마는 "왜 던져? 자꾸 이러면 혼난다"라고 하지 말고 "장난감이 잘 끼워지지 않아서 화가 났구나. 그래, 그럴 때는 화가 나지"라고 공감하며 아이의 감정 상태를 설명해줄 필요가 있습니다. 만약 아이가 자기 요구를 들어주지 않는 엄마를 향해 "엄마는 귀신같아요"라고 말했다면 어떻게 해야 할까요? "너 무슨 말버릇이 그래?"라고 혼내기보다는 "엄마가 네 말을 들어주지 않아서 속상했나 보네. 그래서 엄마가 귀신처럼 느껴질 정도로 화가 났다는 말이지?"라고 말해주면 됩니다. 또 아이가 웃으면서 그림을 그리고 있을 때는 "아유, 정말 잘 그렸네"라고 말하기보다 "우리 ○○이가 웃고 있는 걸 보니 그림 그리기가 마음에 드는 모양이네"라고 아이의 감정에 초점을 두고 말해주면 좋습니다.

아이가 다른 사람의 감정을 알 수 있도록 도와주기

아이들은 자신의 감정을 알게 되면 그다음 단계로 넘어가 다른 사람의 감정을 알게 됩니다. 감정을 조절하고 표현함에 있어서도 부모는 아이들에게 살아 있는 교과서가 돼야 합니다. 아이들은 부모로부터 직접 보고 들은 것을 바탕으로 사회를 배워나가기 때문입니다.

① 일상생활에서 느끼는 감정을 짧게 표현하라 모든 감정을 아이 앞에서 미주알고주알 다 이야기할 필요는 없습니다. 다만 혼자 생각하고 처리해버리는 감정을 때때로 아이 앞에서 노출시켜 아이가 간접경험을 통해 상황을 인식하고 엄마의 감정에 대해 알 수 있게 해주면 됩니다. 예를 들면 "밥도 해야 하고 청소도 해야 하는데 너무 할 일이 많아서 정신이 없네" 또는 "아침에 일찍 일어나서 운동을 하니까 기분이 상쾌해졌네"라는 식으로 아이가 알아들을 수 있도록 엄마의 기분을 표현해주면, 아이는 감정을 표현하는 방법도 배우고 엄마 마음도 알게 됩니다.

② 아이와의 관계에서 느끼는 감정을 적절하게 표현하라 아이와의 관계에서 엄마가 느끼는 마음을 적절하게 표현하면 아이는 자신의 행동이 타인에게 어떤 영향을 미치는지 알게 됩니다. 이때 비난이나 훈계 위주의 표현을 하면 아이가 더 이상 듣지 않게 되니 조심해야 합니다. 그냥 "엄마는 지금 밥도 해야 하는데 네 방이 정리가 안 되어 있어서 화가 나. 엄마가 다 해야 한다고 생각하니 너무 정신이 없네. 엄마를 좀

도와줄 수 있겠니?"라고 말해주면 됩니다.

③ **부부간 대화를 잘 활용하라** 부부간의 대화는 아이들에게 강력한 학습효과를 가져다줍니다. 부모는 아이에게 좋은 교재가 될 수도 있고 나쁜 교재가 될 수도 있습니다. 부부간의 대화를 잘 활용하면 상대편

 Tip 아이에게 사용할 수 있는 감정 단어

기쁨	행복하다, 기쁘다, 편안하다, 뿌듯하다, 유쾌하다, 즐겁다, 흥이 난다, 상큼하다, 시원하다, 마음이 가볍다, 상쾌하다, 황홀하다, 안심이 된다, 재미있다, 흐뭇하다, 날아갈 것 같다, 만족스럽다, 훌륭하다, 짜릿하다
분노	화난다, 성질난다, 가슴이 무너진다, 속이 부글부글 끓는다, 답답하다, 속상하다, 불쾌하다, 나쁘다, 안 좋다, 싫증난다, 지겹다, 괘씸하다, 신경질 난다, 억울하다, 불만이다, 골치가 아프다, 짜증 난다, 싫다, 아프다, 무시당한 것 같다, 귀찮다, 울화가 치민다, 골치 아프다, 마음에 안 든다, 밉다, 숨 막힌다
슬픔	슬프다, 외롭다, 절망스럽다, 처량하다, 가슴이 찢어진다, 울고 싶다, 답답하다, 상처받았다, 불쌍하다, 캄캄하다, 아무 소용없다, 혼자인 것 같다, 공허하다, 좌절감을 느낀다, 속 썩는다, 불행하다, 가슴 아프다, 서럽다, 가엾다, 측은하다, 안타깝다, 한스럽다
사랑	사랑스럽다, 인정받는다, 매력을 느낀다, 따뜻함을 느낀다, 관심이 간다, 고맙다, 평화스럽다, 도와주고 싶다, 사랑받는다, 보살핌을 받고 있다, 정성스럽다, 사랑을 느낀다, 존경스럽다, 다정하다
놀라움	놀랍다, 당황스럽다, 흥분된다, 감격했다, 두근거린다, 곤혹스럽다, 화끈거린다, 충격받았다, 머리칼이 곤두선다, 긴장을 느낀다

과 마음을 나누고 협상해서 문제를 해결하는 방법을 아이에게 간접적으로 가르칠 수 있습니다.

④ **다양한 상황을 경험시켜라** 아이를 데리고 다니면서 여러 가지 경험을 제공해줄 필요도 있습니다. 함께 지하철도 타고, 시장에도 가고, 버

무서움	공포를 느낀다, 겁난다, 초조하다, 간이 콩알만 해졌다, 위협을 느낀다, 소름이 끼친다, 몸이 떨린다, 피하고 싶다, 큰일 날 것 같다
욕심	욕심을 느낀다, 약 오른다, 경쟁심을 느낀다, 질투를 느낀다, 고집부리고 싶다, 갖고 싶다, 부럽다, 배 아프다, 조급함을 느낀다, 잘하고 싶다, 성에 안 찬다, 부족하다
의아함	의심스럽다, 불확실하다, 아득하다, 막막하다, 혼돈스럽다, 절망적이다, 낯설다, 이해할 수 없다, 정리가 안 된다, 아리송하다, 조심스럽다, 마음이 불편하다, 안정감을 못 느낀다, 뭐가 뭔지 모르겠다, 답답하다, 이상하다, 걱정된다, 생소하다
수치심	창피하다, 쥐구멍을 찾고 싶다, 죄책감이 느껴진다, 마음이 무겁다, 한심하다, 부끄럽다, 미안하다, 죄의식을 느낀다, 캄캄하다, 수치스럽다, 쑥스럽다
힘 없음	약하다, 기대고 싶다, 쉬고 싶다, 기운이 없다, 관심이 없다, 공허를 느낀다, 압도당한 느낌이다, 능력이 없다, 맥이 풀린다, 허전하다, 의존하고 싶다, 생기를 잃었다, 지쳤다, 낙담했다, 아무 가치가 없다
힘 있음	뿌듯하다, 자랑스럽다, 자신감을 느낀다, 감 잡았다, 필요를 느낀다, 큰 것 같다, 희망을 느낀다, 쉽다, 포부가 생긴다, 확신한다, 마음이 든든하다, 이겼다, 강해진 것 같다, 안전하다, 대단함을 느낀다, 자유롭다

스도 타보면 엄마나 다른 사람의 행동과 감정에 대해 배울 수 있습니다. 이런 과정을 통해 아이는 다른 사람을 이해하게 되고 다양성을 인정하게 됩니다.

⑤ **안심하고 표현할 수 있게 하라**　자신의 부정적인 감정까지도 부모가 받아준다고 느낄 때 아이는 좀 더 편안하게 자기표현을 할 수 있습니다. 아이의 모든 것을 다 받아주라는 이야기가 아닙니다. 그냥 화나고 속상한 마음을 알아주라는 뜻입니다. 이렇게 마음을 알아주고 이해해 주면 아이의 격앙되었던 감정은 가라앉습니다. 바로 이때 아이의 잘잘못을 지적하면 됩니다. 아이는 부모가 자신의 마음을 알아줬을 때 느꼈던 따뜻함을 소중히 여깁니다. 그리고 다른 사람과도 이런 따뜻함을 나누고자 합니다.

"감정표현을 적절한 방식으로 못해요."

{ 욕하는 아이, 툭하면 토라지는 아이, 다른 사람이 챙겨주기만 바라는 아이,
친구에게 상처받아 어린이집을 안 가려는 아이, 엄마를 무시하는 아이 }

 네 살 남자아이입니다. 계속 집에서 지내다가 최근에 어린이집에 보내기 시작했는데, 어린이집을 다녀오면 "아이 씨!"라며 과격하게 감정을 표현합니다. 아마도 어린이집에서 스트레스를 받는 것 같습니다. 누구든 마음에 안 들면 욕을 하고 때립니다. 그때마다 혼내다 보니 하루 종일 혼만 내고 있어요. 이러다가 친구들 사이에서 따돌림을 당하게 될까 봐 걱정입니다.

아마도 만으로는 세 살쯤 된 남아인 듯합니다. 아이에게 나타나는 행동을 문제행동이라 여기고 수정해주려 할 때는 가장 먼저 아이의 연령을 생각해봐야 합니다. 이 연령에서는 어떤 행동을 하면 문제고 왜 이런 행동을 할 수밖에 없는지 생각해봐야 합니다. 자, 지금 만 세 살쯤 된 아이의 발달 상황을 한번 생각해볼까요?

① 감정이 세분화되는 과정이지만 말로 표현하기는 어렵다

자기표현이 아무리 확실하다고 해도 만 세 살 된 아이가 점점 복잡

해지는 감정을 말로 잘 설명하기란 쉽지 않습니다. 그런데 뭔가 불쾌하고 싫은 감정은 해결해야 할 때, 대부분의 남자아이들은 이를 공격적으로 표출합니다. 지금 이 아이는 공격적인 행동보다는 욕 등으로 자기 마음을 표현하는 것 같습니다.

② 자기 마음대로 되지 않는 상황에 적응하려고 애쓰는 시기다

그동안 집에서는 뭐든 자기 마음대로 하다가 공동생활을 하게 되니 당연히 이것저것 마음에 짐이 되는 일이 생길 겁니다. 그런데 아직 이를 조절하고 대처할 준비가 되지 않았으니 당연히 "아이 씨" 같은 말로 힘들고 복잡한 자기 심경을 표현하는 것이지요.

그렇다면 어떻게 하면 좋을까요? 정말 엄마의 걱정대로 이런 행동이 습관이 되어 시시때때로 욕하는 아이로 성장할까요? 이는 좀 이른 걱정인 듯합니다. 걱정하기보다 지금처럼 좋은 표현으로 바꿔주려는 노력을 하는 편이 좋습니다. 단, 그 이전에 아이가 그런 말을 할 수밖에 없었던 이유를 잘 이해하고 이를 공감적인 태도와 말로 표현해줘야 합니다. "아, 친구가 네 마음대로 안 놀아줘서 그렇게 화가 났어?", "어린이집에서 ○○했는데 그게 속상했구나"처럼 먼저 마음을 잘 알아차려주고 이를 아이가 이해하기 쉬운 말로 대신 표현해주세요.

무조건 '나쁘다', '고쳐라' 하기보다 이런 공감적인 태도를 보여주면 아이는 자신의 마음을 잘 알아차릴 수 있고 이를 엄마가 말하는 것처럼 긍정적인 방식으로 표현할 수 있게 됩니다. 너무 앞서서 걱정하지 말고, 자기 마음을 말로 잘 표현할 수 있도록 공감적인 태도를 보여주세요.

 여섯 살 된 여자아이인데 잘 토라집니다. 이유를 알면 달래줄 텐데 왜 그런지 말을 하지 않으니 정말 힘들어요. 그럴 때마다 방에 혼자 들어가서 한참 엎드려 있습니다. 달래려고 따라가면 오지 말라고 소리 지르고 더 울어요. 친구들과도 같이 놀다가 토라져서는 혼자 노는 경우가 많아요. 따라다니면서 친구들과 사이좋게 지내라고 할 수도 없고, 정말 걱정입니다.

만 다섯 살 된 여자아이라면 어느 정도 자기 감정을 말로 표현할 수 있는 연령이기는 합니다. 하지만 이렇게 잘 삐치는 경우 정서적으로는 민감하지만 아직 그게 구체적으로 어떤 감정인지, 왜 이렇게 속상한지 명확히 모를 때가 많습니다. 그러니 자기 감정과 이유를 말로 정확히 표현하기는 더 어렵겠지요. 이때 대부분의 여자아이들은 이렇게 울고 신경질을 부리는 행동으로 해결되지 않는 자기 감정을 표현합니다.

이럴 때는 첫째, 부모가 아이 옆에서 '감정 소화능력'을 키워줘야 합니다. 엄마의 적절한 공감적 대화는 아이에게 강력한 소화제로 작용합니다. 단, 아이가 삐칠 때만 공감적인 태도를 보이지 말고 평소에도 틈틈이 공감적인 대화를 해야 합니다. 꾸준히 아이의 행동과 감정, 생각과 감정을 잘 연결해서 아이에게 많이 들려주세요. "아, 네가 웃는 걸 보니 이게 재미있구나", "꽝 하고 내려놓는 걸 보니 너 이게 마음대로 안 돼서 화가 났나 본데"처럼 말해주면 자신의 마음을 이해할 수 있고, 자신의 행동 또한 이해할 수 있게 됩니다. 이런 태도를 포기하지 않고 아이에게 꾸준히 보여주면 어느 날 문득 아이는 "엄마, ○○ 해서 나 속상했어요"처럼 말할 수 있게 됩니다. 이렇게 표현하게 되기까지는 언어 발달도 큰몫을 하기 때문에 아이가 자기 마음을 언어로 구체적으로 표현할 수 있을 때까지 포기하지 말고 꾸준히 노력해보기 바랍니다.

둘째, 아이가 이미 삐쳤다면 기다려주세요. 달래려고 너무 애쓰면 아이에게 이것이 더 자극으로 작용할 수 있습니다. 조금 달래다가 "화가 풀리면 엄마한테 와서 말해줘"라고 말하고 기다려주세요. 그다음 아이가 감정이 풀리면 그때 대화를 시도하세요.

부모와의 관계에서 이렇게 문제해결 경험을 많이 하면 할수록 이런 경험이 아이의 내면에 깊이 파고들어 점점 스스로의 태도로 자리 잡습니다. 지금은 혼자 토라져서 친구와 놀지 않지만, 점점 자신의 감정을 말로 잘 표현하게 되고 엄마가 자신에게 해준 것처럼 친구들의 부정적인 감정을 잘 이해하고 기다려주는 아이로 변모하게 됩니다. 그러면 자연스럽게 친구들에게도 인기 있는 아이가 되겠지요.

 네 살 남자아이를 키우고 있어요. 속상하거나 기분이 상하면 절대 먼저 말을 안 해요. 엄마가 먼저 와서 물어봐주고 이야기해주기를 원해요. 저야 엄마니까 이렇게 해줄 수 있지만 친구들은 그러지 않을 텐데, 점점 소외되지는 않을지 걱정입니다.

부정적인 감정이 생겼을 때, 이것을 빨리 소화시키는 아이가 있는가

하면, 한참 걸리는 아이도 있습니다. 아이들은 나름대로 자신만의 전략을 사용해서 감정을 해결해나갑니다. 그러다 보니 오히려 더 산만해지고 까부는 아이도 있고, 바닥에 드러누워서 격렬하게 감정을 토해내는 아이가 있는가 하면, 울음을 그치지 못하는 아이, 말하지 않고 계속 삐쳐 있는 아이도 있습니다. 이런 시간이 오래 지속될수록 부모는 아이의 행동을 잘 이해하기 어려워 당혹스럽기 마련이지요. 아이들은 왜 이런 행동을 하는 것일까요?

① 자신의 감정을 추스르고 있다는 신호다

어른들이 보기에는 황당하기 그지없는 이런 행동은 사실 자신의 감정을 추스르고 정리하고 있다는 신호일 수 있습니다. 단지 그게 어른 눈에는 적절하지 않아 보여서 문제인 것이지요. 그렇기에 너무 심한 행동을 해서 자신이나 타인을 다치게 하는 정도가 아니라면 잠시 기다려줄 필요도 있습니다.

② 자기 감정과 생각을 말로 표현하지 못하면 행동으로 표출된다

어릴수록 자기 감정이나 생각을 정확히 인식하지 못하고, 언어표현력이 떨어지다 보니 이를 정확히 표현하기 어렵습니다. 또한 남자아이는 여자아이에 비해 언어력과 공감 능력이 다소 느리게 발달하다 보니 더더욱 말로 표현하는 데 어려움을 겪습니다. 그래서 해결되지 않는 자신의 불쾌한 감정을 말보다는 행동으로 표현하는 것이지요. 여기에 해당된다면 평소 아이의 행동과 감정, 생각과 감정을 잘 연결해서 아이 대신 엄마가 말로 잘 표현해줘야 합니다. 이를 통해 아이는 자기 감정을 어떻게 표현하면 되는지를 배웁니다. 이 사연의 아이에게는 "말을 안 하는 걸 보니 정말 화가 났구나"라고 표현해줘야 합니다.

하지만 마음을 읽어주고 공감해준다고 해서 아이의 행동을 모두 수용하라는 뜻은 아닙니다. 화가 난다고 엄마를 발로 차거나 마트 바닥에서 뒹구는 걸 끝까지 웃는 얼굴로 참기만 해서는 안 되겠지요. 안 되는 건 안 된다고 명확히 알려주고 어느 정도까지 엄마가 기다려줄 수 있는지 명확히 말해줘야 합니다. 자, 사연의 아이에게 이 방법을 종합적으로 적용해볼까요?

1단계 평소 아이의 행동이나 생각을 감정과 잘 연결해서 틈틈이 아이 마음을 잘 읽어주세요.
2단계 "이렇게 말을 하지 않는 걸 보니 많이 화가 났네. 그래, 알았어. 네가 화 풀릴 때까지 엄마가 기다릴게."
3단계 그래도 계속 말하지 않으면서 엄마가 자신에게 먼저 말 걸어주기를 기다린다면 혹시 엄마가 자신에게 화를 낼까 봐 겁을 먹고 엄마의 반응을 기다리는 것일 수 있습니다. 만일 그렇다면 "엄마가 말 걸어주기를 기다리는 거야? 엄마가 화낼까 봐 걱정되나 보다. 엄마는 너를 기다리고 있어"라고 아이를 안심시켜주세요.
4단계 사실 이 정도가 되면 아이들은 엄마에게 말을 합니다. 그래도 계속 말을 안 한다면 행동으로라도 뭔가 엄마에게 의사표현을 하는 그

순간을 포착해서 "아, 이제 엄마에게 뭔가 말할 마음이 생겼나 본데"라고 조금 천천히 아이에게 접근하기 바랍니다.

5단계　아이가 조금이라도 자신의 마음을 표현하면 "아, 네가 네 마음을 정확히 말해주니 엄마 마음이 시원하다. 네 마음을 금방 알겠네"라고 격려해주세요.

 어린이집 다닌 지 얼마 안 된 다섯 살 여자아이를 키우고 있어요. 처음에는 너무나 즐거워하면서 등원을 했는데, 친구 한 명이 "너 그렇게 하면 안 놀아 준다"라고 했다면서 울고 온 이후로는 어린이집을 잘 가지 않으려고 합니다. 어떻게 해야 할까요?

우선은 어린이집 선생님과 상의해보세요. 어린이집의 상황은 부모가 다 알고 대처하기 어려운 경우가 많습니다. 이럴 때는 우선 어린이집 선생님과 상의해서 전후 상황을 잘 파악해보고, 무엇을 도울 수 있을지 판단하기 바랍니다.

둘째, 그 친구에게 너무 상처받고 있다면 분리할 수 있는 방법을 생각해보세요. 아직 아이가 어리기 때문에 스스로 조절하고 남의 입장을 이해하기가 어렵습니다. 그렇기 때문에 어린이집 선생님에게 도움을 요청해서 다른 친구를 만들어주거나 활동시간에 많이 부딪치지 않도록 상황을 조절해야 합니다.

셋째, 역할연습으로 대응 방법을 익히도록 해주세요. 사회적인 상황에서 어떻게 적절히 대처할 수 있는지는 말만으로는 가르치기 어렵습니다. 이럴 때는 역할연습이 가장 효과적인 방법으로 알려져 있습니다. 엄마가 속상하게 하는 친구 역을 맡고, 아이에게 말이나 태도로 자신을 잘 지킬 수 있는 방법을 연습시키세요. 눈에 힘을 주고 또박또박 "그렇게 하면 나 속상해. 그러니까 그렇게 말하지 마"라고 말하든지, "그래, 그럼 너는 쟤랑 놀아. 난 다른 애랑 놀 거야"라고 하든지, "자꾸 그렇게 말하면 선생님에게 말할 거야"라고 하는 등 스스로를 잘 지킬 수 있는 태도와 말을 연습시켜보세요. 이런 태도가 몸에 완전히 스며들도록 30번, 40번이라도 연습을 해야 합니다.

어린이집에 있는 남의 아이는 내가 어쩔 수 없지만, 내 아이는 내가 적절한 방법을 가르치고 연습시킬 수 있으니 한번 시도해보시기 바랍니다.

 만 다섯 살 남자아이예요. 소심하고 예민해요. 유치원 친구 중 단짝이 있는데, 한 달 해외여행에 다녀온 사이 그 친구에게 새 친구가 생기면서 유치원에서 외로워하는 것 같아요. 친구들 사이에 들어가려고 노력은 하는데 본인 마음대로 잘 안 되는지 마음 쓰는 게 보이네요. 갑자기 유치원에 가기도 싫어하고요. 어떻게 도와주면 좋을까요?

만으로 다섯 살이라면 조금씩 단짝 친구 개념도 생기고 친구들과 함께 놀이하는 즐거움을 느끼는 연령이네요. 이때 활발하고 적극적인 아이는 친구들과 노는 데 어려움이 없지만, 소극적이거나 예측하지 못한 돌발 상황에 대한 적응도가 떨어지는 예민한 아이는 또래와 다양한 관계를 맺기 어려워하기도 합니다. 이럴 때는 친구랑 사이좋게 놀라고 말만 한다고 해서 문제가 해결되지 않지요. 다음과 같은 방법이 도움이 될 수 있습니다.

첫째, 담당 선생님에게 도움을 요청하세요. 유치원 등 교육기관에서 발생하는 일은 1차적으로 담당 선생님과 잘 상의해야 합니다. 담당 선생님과 긴밀하게 상의하고, 아이의 또래관계를 위해 무엇을 어떻게 하면 좋을지 방법을 찾아보기 바랍니다.

둘째, 우선 집에 아이와 성향이 비슷한 아이 한 명만 초대하세요. 아이가 소극적이고 얌전한데 성격을 바꿔보겠다고 너무 활발한 아이와 놀게 하면 오히려 서로 잘 맞지 않아 즐거운 놀이를 할 수 없습니다. 우선은 비슷한 성향을 가진 아이들과 잘 지내보게 하는 편이 좋습니다. 먼저 집에 친구를 초대하고, 좀 익숙해지면 친구네 집도 방문해서 놀게 하는 것이 좋습니다. 그다음에 점점 두 명, 세 명으로 초대하는 아이의 숫자를 늘려보세요.

셋째, 친구와 사귀고 함께 노는 역할놀이를 많이 해보세요. 유치원 시기의 아이들에게는 말로만 가르쳐서는 효과를 보기 어렵습니다. 친구에게 먼저 인사하고 같이 놀자고 제안하는 등 친사회적인 행동을 역할놀이를 통해 연습하면 효과를 볼 수 있습니다. 엄마, 아빠가 유치원 친구 역할을 하면서 아이와 역할놀이를 해보기 바랍니다.

1학년이 된 여자아이입니다. 벌써 사춘기가 왔는지 저를 무시하거나 화가 솟구치는 말을 합니다. 그런 말을 들으면 "어디서 버릇없이 엄마한테 그런 말을 하냐"고 화를 내고 혼내게 됩니다.

감성적이고 언어 발달이 빨라서 엄마와 갈등이 좀 이른 시기에 생긴 듯합니다. 이럴 때는 아이의 마음을 잘 이해하고 이를 적절한 말로 바꿔주는 것이 가장 중요합니다. "너, 엄마한테 혼나서 화가 나서 그렇게 말하는 거구나", "그렇게 말하는 걸 보니 정말 화가 많이 났네", "동생 생기는 게 싫은가 보구나"처럼 아이의 표현 밑에 숨어 있는 진짜 마음을 빨리 알아채서 대신 표현해주세요. 그런 다음 "너무 무섭게 말하니까 엄마가 자꾸 화를 내게 되네"라고 아이의 행동이 가져오는 부정적 영향에 대해 말해주세요. 더불어 아이가 자신의 마음을 적절하게 표현하면 놓치지 말고 "그렇게 말하니까 엄마가 네 마음을 금방 알겠다" 하는 식으로 따뜻하고 친절하게 격려해주세요.

너와 나의 행복 울타리, 자기조절 능력

세상일이 자기가 원하는 대로 다 되면 정말 행복할까요? 다른 사람은 신경 안 쓰고 내 마음대로 행동할 때 거기에 진정한 기쁨이 있을까요? 모두 자신의 욕구대로 살아간다면 이 세상은 아수라장이 돼버릴 겁니다. 남을 헤아리지 못한 잘못은 부메랑처럼 돌아와서 우리를 불행하게 만들 것입니다. 너도 행복하고 나도 행복할 수 있는 방법을 찾는 것, 이것이 사회성의 기본 철학입니다. 그리고 그럴 수 있도록 돕는 것이 바로 자기조절 능력입니다.

다가설 때와 물러설 때를 알려주는 기준

만 세 살 수철이는 한 달 전부터 어린이집을 다니기 시작했습니다.

그런데 선생님이 상담을 받아보라고 진지하게 권해서 상담센터에 왔습니다. 수철이는 나이에 비해 언어 발달이 다소 지체된 상태였습니다. 그래서인지 어린이집에서 주로 고함을 지르고, 물건을 던지고, 친구들이 옆에 오면 밀치고, 자신의 물건을 보기만 해도 때리고, 심지어는 물기도 해서 아이들이 가까이 갈 수 없을 정도라고 했습니다.

만 네 살 영미는 한번 울면 울음을 그치지 않고, 자기가 하고 싶은 대로만 하는 아이입니다. 유치원 선생님 말도 거의 듣지 않는다고 합니다. 당연히 이런 영미와 함께 노는 친구는 아무도 없습니다. 영미는 놀이평가를 위해 상담실 안에 들어오자마자 바로 색찰흙을 꺼내서 다 섞으려고 했습니다. 제가 조금만 섞으라고 말했는데도 아랑곳하지 않았습니다. 그러고는 제지를 받자 갑자기 뒤로 벌러덩 누워버렸습니다. 그래도 허락해주지 않자 급기야는 울음까지 터뜨렸습니다.

수철이와 영미에게 부족한 것은 바로 자기조절 능력입니다. 수철이와 영미는 자기만족에만 관심이 있어 친구는 물론 선생님 말도 귀담아들을 수 없었던 것입니다. 아이가 이런 상태에서 그대로 성장하면 사회생활 자체가 어려워질 수 있습니다. 반드시 훈육에 들어가야 합니다. 그렇다면 하고 싶은 것이 있어도 상황에 맞춰 조절하고 협상하는 능력은 언제부터 생길까요?

아이들은 만 두 살이 되면서부터 서서히 엄마 품에서 벗어나 독립하기 시작합니다. 이때쯤이면 걸을 수도 있고, 완전하지는 않아도 자신의 의사를 말로 표현할 수도 있습니다. 스스로 할 수 있는 일이 많아지면서 자신을 엄마 앞에서 자랑하고 싶어 하는 나이입니다. 온몸에

밥풀을 묻히면서까지 혼자 밥을 먹으려 하고, 컵을 깨더라도 스스로 물을 따라 먹고 싶어 합니다. 심지어 노래도 자기 멋대로 가사를 바꿔 부릅니다. "사이좋게 안 지내자. 새끼손가락 안 고리 걸고, 꼭꼭 안 약속해." 이러한 행동은 엄마에게 반항하는 행동이 아니라 "엄마, 나 좀 봐주세요. 나 이제 사람 꼴이 되어가요"라는 아름다운 시위입니다. 우리는 이를 자율성이라고 부릅니다.

그런데 자율성은 자기조절 능력과 짝을 이루어야 합니다. 아이들은 스스로 할 수 있는 일에 기뻐하고 감격해하지만 어디까지 해야 하는지는 잘 모릅니다. 이 경계를 알아야 자신의 행동을 조절해나갈 수 있습니다. 따라서 부모는 적절한 경계선을 만들어줘야 합니다.

자기조절 능력은 아이가 엄마 품을 떠나서 사회 속으로 들어갈 때 그 진가를 발휘합니다. 집에서는 안 되는 것이 없다가 집을 나서니 안 되는 것이 많습니다. 아이들은 당황하고 위축됩니다. 이런 감정을 느낄 때 어떤 아이는 얼어붙은 채 가만히 있고, 어떤 아이는 오히려 공격적으로 행동하면서 당황스러운 마음을 감춥니다. 자기조절이 잘 연습된 아이들은 다가가야 할 때와 물러서야 할 때를 잘 압니다. 다른 사람의 제안도 건강하게 받아들이면서 협상하고 타협합니다. 이처럼 자기조절 능력은 다른 사람과 관계를 맺고 더불어 살아가도록 해줍니다.

갈등을 조화롭게 해결할 수 있는 힘

스탠퍼드대학교 월터 미셸(Walter Mischel) 박사는 마시멜로 간단한 실험을 했습니다. 미셸은 네 살짜리 아이들이 좋아하는 마시멜로를 주고 당장 먹어도 되지만 자신이 돌아올 때까지 15분 동안 먹지 않고 기다리면 마시멜로를 두 개 더 준다고 말했습니다. 실험에 참가한 아이들은 눈앞에 놓인 맛있는 마시멜로를 바로 먹어버릴 것인지, 참았다가 마시멜로를 두 개 더 얻을 것인지를 선택해야 했습니다. 이 실험에는 약 600명의 아이들이 참가했는데, 아이들 중 3분의 1은 15분을 참고 기다렸으며 나머지 3분의 2는 곧바로 마시멜로를 먹어버렸습니다.

세월이 흘러 미셸은 열여덟 살이 된 그 아이들을 다시 인터뷰했습니다. 조사 결과, 눈앞의 만족을 뒤로 미루고 15분을 참아냈던 아이들은 마시멜로를 바로 먹어치운 아이들에 비해 스트레스에 대처하는 능력이 뛰어났으며 자신감도 더 컸습니다. 뿐만 아니라 SAT(미국 대학 수능 시험)의 언어와 수학 과목에서 210점이나 더 높은 점수를 받았습니다.

미셸 교수가 실시한 이 유명한 실험은 '만족지연 능력'을 측정하기 위해 설계됐습니다. 미셸은 아이들에게 '당장의 작은 만족'과 '나중의 더 큰 만족'을 선택하게 했는데, 후자를 선택하려면 바로 자기조절 능력이 필요합니다. 자기조절 능력은 목표에 맞게 활동을 지연시킬 수 있고 다른 사람의 훈계나 개입 없이도 사회적으로 인정된 행동을 하는 능력이며, 자신의 행동을 스스로 조절할 수 있는 능력입니다. 자기조절 능력이 있으면 엄마의 잔소리나 아빠의 화난 목소리가 없어도 스스로 자신의 행동을 조절할 수 있습니다.

　최근 폭력적인 집단따돌림 때문에 자살로 생을 마감하는 아이들의 안타까운 소식이 부쩍 늘고 있습니다. 따돌림을 당하는 아이도 문제지만 따돌리는 아이에게도 반드시 도움이 필요합니다. 따돌리는 행동을 하는 아이들 대부분은 자기조절 능력이 결핍돼 있기 때문입니다. 해외에서 총기난사 사건이 발생해 무고한 시민들이 해를 입는 일이 종종 일어납니다. 이 사건을 일으킨 사람들 역시 자기조절 능력에 문제가 있다고 볼 수 있습니다. 자기조절 능력이 발달한 사람은 타인과 갈등이 생겨도 조화롭게 해결해나갑니다. 사람이 사람답게 행동할 수 있도록 하는 기본적인 힘이 바로 자기조절 능력입니다. 이 능력이 갖춰져야 아이들의 사회성이 튼튼하게 뿌리내리고 성장할 수 있습니다.

나와 타인의 욕구 사이에 교집합 만들기

　누구나 이 세상에 태어나면 절대적인 의존기를 거칩니다. 대략 1년 정도는 혼자서 아무것도 할 수 없는 시간을 보내는데, 2~6개월쯤 되면 아이는 울면 젖이 나온다는 사실을 알게 됩니다. 그리고 이런 상황을 경험하면서 '내가 생각한 대로 다 되네'라는 전능 환상을 갖게 됩니다. 하지만 나이를 먹어가면서 엄마에게 혼도 나고 지적도 받으면서 '아, 세상은 내가 원하는 대로, 내가 생각하는 대로 다 되지 않는구나' 라고 깨닫습니다. 이때부터 아이들은 현실을 알게 되고 서서히 자신을 알아갑니다.

대부분의 아이들은 만 두 살이 되면 엄마와의 관계를 통해 가능한 것과 가능하지 않은 것을 배우고 연습합니다. 처음에는 엄마의 제지를 받고 해서는 안 될 일을 구분하다가 점점 스스로 규범을 만들고 남이 말하지 않아도 규칙을 지키고 감정을 조절합니다. 이것이 바로 자기조절 능력입니다. 자기조절 능력이 발달된 아이는 내가 하고 싶은 것과 남이 하고 싶은 것을 구분할 줄 알고, 조금씩 양보하면 모두가 만족할 수 있는 결과가 나온다는 것도 압니다.

그러나 아직 미성숙하거나 조절에 대한 훈육이 미흡해서 연습이 충분히 되지 않은 아이들은 여전히 전능감에 대한 환상을 붙들고 있습니다. 자신은 절대 양보하지 않으면서 다른 사람이 자신에게 맞춰주기를 기대합니다. 심지어 상대에게 요구하고 화를 내기도 합니다. 이런 아이 옆에는 어느 누구도 있고 싶어 하지 않습니다. 부모가 뒤늦게 아이를 통제해보려고 시도하지만 쉽지 않습니다. 쇠고집을 부리며 양보하지 않는 아이의 모습에 화가 나서 혼을 내거나 체벌을 하기도 합니다. 그러면 아이는 당장은 굽히는 척하지만 조금만 봐주면 또다시 욕구를 드러냅니다.

부모는 아이의 요구를 모두 들어줘서도 안 되고, 너무 엄격하게 통제만 해서도 안 됩니다. 큰 울타리를 쳐주고 그 안에서는 안전하게 자신이 원하는 것을 할 수 있도록 지도해야 합니다. 이럴 때 아이는 적절히 좌절을 경험하면서 포기할 것은 포기하고 자신이 할 수 있는 것에 최선을 다하게 됩니다. 이렇게 교육을 받은 아이는 안 되는 상황에 쉽게 절망하고 포기하고 화를 내기보다는 포기할 것과 받아들일 것을 구분합니다. 마찬가지로 다른 사람과의 관계에서도 포기할 것과 받아들일 것을 잘 구분하고 적절히 협상할 줄도 압니다. 자기조절 능력은 일방적으로 나만 양보하는 것도 아니고, 다른 사람의 양보를 고집하는 것도 아닙니다. 서로의 욕구에 교집합을 만들어나가는, 힘들지만 값진 과정입니다.

 책임감을 갖고 행동을 조절하게 하는 힘

　최근 초등학생과 중학생들 사이에 벌어진 폭력행동과 자살사건으로 인해 온 나라가 떠들썩했습니다. 신문이나 방송에서는 현장에서 벌어지고 있는 아이들의 폭력이 상상을 초월할 정도라고 입을 모았습니다. 때리고 돈을 뺏는 행위는 이제 애교 수준으로 봐줘야 할 정도로 아이들의 범죄행위가 점점 더 과격해지고 있습니다. 문자메시지를 수시로 보내서 협박하고 숙제를 대신하게 하거나 물품을 빼앗기도 하고, 때리고 물고문하고 칼로 상처를 입히는 등 나이 어린 청소년들의 행동이라고는 상상할 수 없는 방법으로 친구를 괴롭힌다고 합니다. 오랜 기간 이런 괴롭힘을 받은 아이들은 결국 자살이라는 극단적인 선택을 하기도 합니다. 이런 참혹한 일들은 도대체 왜 일어나는 것일까요?
　사회 및 학교 측의 미온한 대처와 학습 위주의 과도한 경쟁적 분위기가 이런 상황을 불러일으켰다는 데에는 반론의 여지가 없습니다. 그러나 아이들에게 자기조절 능력이 실종되었다는 점을 우리는 더 눈여겨봐야 할 것입니다. 자기조절 능력이 사라진 아이들은 브레이크를 잡지 않고 전력 질주하는 오토바이와 같습니다. 자기조절 능력이 있는 아이들은 상황에 따라 적절히 대처해나가면서 행동을 시작하거나 멈출 수 있습니다. 언어적·신체적 활동의 강도를 조절할 수 있고, 사회적으로 적합한 행동을 인식할 수 있으며 자신의 행동에 책임을 질 수 있습니다.

가해를 입히는 아이들은 대부분 자신이 어떤 행동을 하고 있는지, 언제 멈춰야 하는지, 자신의 행동이 사회적으로 적절한지 거의 고려하지 않습니다. 실제로 가해 학생들 중에는 자신들이 괴롭힌 아이가 자살했다는 소식을 듣고도 농담조로 메시지를 주고받은 사례도 있습니다. 이런 아이들은 자신의 행동을 관찰하고, 판단하고, 반응하고, 대처하는 자기조절 능력이 심각하게 부족한 상태로 보입니다.

뇌에서 조절을 관장하는 전두엽이 아동기 다음으로 폭발적으로 발달하는 청소년기에는 상상도 할 수 없는 엉뚱한 일을 벌일 수 있습니다. 하지만 유아기를 거쳐 아동기에 이르는 동안 자기조절을 연습한 아이들은 격동의 청소년기를 잘 견뎌내고, 다른 사람에게 피해를 주는 일도 하지 않습니다. 그러나 자기조절 연습이 안 된 아이들은 다른 사람에 대한 배려도 없고, 자신이 하는 행동이 다른 사람들에게 어떤 영향을 미치는지 고민도 하지 않습니다. 자신이 하고 싶은 대로 행동하고 사람들이 깜짝 놀랄 만한 행동도 서슴지 않고 합니다. 내 아이를 사회성이 좋은 아이, 자신의 행동에 스스로 책임질 수 있는 아이, 그러면서 다른 사람을 배려하는 아이로 키우고 싶다면 지금부터라도 자기조절 능력을 키워줘야 합니다.

자기조절 능력 발달을 위하여

자기책임은 없고 남 탓만 하는 아이들을 상담할 때가 있습니다. 모든 잘못은 엄마나 아빠 또는 친구들에게 있다고 생각하는 아이들은 대부분 자기 확신감이 저하돼 있을 뿐만 아니라 분노가 많아 적절한 사회관계를 맺어가는 데 어려움을 겪습니다. 따라서 부모는 내 아이의 자기조절 능력을 체크해보고 아이가 사회성을 제대로 키워갈 수 있도록 도움을 줘야 합니다.

자율성 키워주기

자율성이 보장되고 존중될 때 아이들은 건강한 발달 욕구를 보입니다. 그럴 때 부모로부터 독립해 스스로 자기 생활을 관리하고 조절해나갑니다. 자율성은 거창한 데서 시작되지 않습니다. 혼자 옷을 입게 하고 밥상을 차릴 때 숟가락을 놓아보게 하고, 노는 시간과 공부하는 시간을 정해보게 하는 등 스스로 결정하고 행동할 기회를 많이 주면 됩니다. 아이가 제대로 못한다고, 아이에게 맡기면 오히려 일이 더 많아진다고 다 챙겨주는 엄마들이 꽤 많습니다. 하지만 이러한 염려는 아이의 자발적 동기를 방해할 뿐입니다.

선택권 제공하기

일상생활에서 스스로 결정하고 그 결과에 대해 책임을 지게 하는 영역이 많을수록 아이는 적극적으로, 열심히, 성취동기를 갖고 생활해나갑니다. 이런 과정을 통해 자신감도 형성되고 자신과 주변 환경에 대해 긍정적인 마음도 갖게 됩니다. 부모는 아이가 스스로 선택할 수 있도록 기회를 많이 줘야 합니다. 지나친 간섭과 통제는 오히려 역효과를 불러일으킵니다. 부모는 아이가 선택할 수 있는 것과 없는 것을 먼저 구분하고, 아이가 선택할 수 있는 것에 대해서는 선택권을 줘야 합니다. 예를 들어 "우리 이사하려고 하는데 갈까 말까?"와 같은 질문은 아이의 선택권 밖의 일이므로 아이에게 물어보면 안 됩니다. 그러나 "오늘 어떤 옷을 입을래?"처럼 아이가 선택할 수 있는 것에 대해서는 질문하고 스스로 결정하도록 도와줘야 합니다.

책임감 지우기

아이를 보호하기 위해 필요한 사항을 제외하고는 의사결정권을 아이에게 넘겨주고 그 결과에 대한 책임을 아이 스스로 지게 해야 합니다. 예를 들어 엄마와 상의해서 컴퓨터 사용 시간을 하루 30분으로 결정했는데, 만약 아이가 지키지 않았다면 다음 날 컴퓨터 사용 시간을 그만큼 줄이면 됩니다. 아이가 결정한 일에 대한 책임은 아이가 질 수 있도록 하는 것이 좋습니다.

제재는 분명하게

부모는 아이에게 자기조절의 모델이 돼야 합니다. 아이의 행동에 대해 "아! 그렇구나. 그런데 여기까지만!"이라고 말해줘야 합니다. 이를 건강한 제한이라고 하는데 이 방법을 통해 건강한 자기조절이 싹틉니다. 제한을 할 때는 먼저 아이의 마음에 공감해주고 안 되는 이유에 대해 설명해줍니다. 하지만 이렇게 해도 아이가 자기조절을 하지 못하면 최후통첩을 해서 그 행동을 더 이상 받아들일 수 없다는 것을 확실히 알려줘야 합니다. 이런 과정을 통해 아이는 할 수 있는 것과 포기해야 하는 것을 구분할 수 있게 됩니다.

분노 조절 방법 알려주기

화를 참지 못하면 순간적으로 공격적인 행동을 하기 쉽습니다. 아이가 화가 나면 심호흡 또는 온몸에 힘을 주었다가 서서히 긴장을 푸는 긴장이완 훈련 등을 시켜 스스로 화를 조절할 수 있는 방법을 연습시켜주세요. 아이는 스스로 화를 조절해나가는 경험을 통해 자기 감정을 통제할 수 있다는 자신감을 얻습니다.

"뭐든 제멋대로만 하려고 해요."

{ 뭐든 "아니야"라고 하는 아이, 맛있는 걸 혼자만 먹으려는 아이, 물건을 던지는 아이, 다른 사람 일도 자기가 결정하려는 아이, 지연 행동을 하는 아이, 말투가 버릇없는 아이, 원리원칙을 너무 따지는 아이, 말이 너무 많은 아이 }

 20개월 때부터 어린이집을 잘 다녔는데 만 30개월이 된 아들이 요즘은 몇 개월째 울면서 가기 싫다고 하고 뭐든 "아니야!"라고 하네요. 평소 아이와의 관계가 나쁘지는 않습니다.

30개월 된 아들이 뭐든지 "아니야!"라고 하는 건 지극히 정상적인 행동으로 볼 수 있습니다. 대신 그런 말을 너무 많이 한다면 혹시 그동안 아이에게 너무 안 된다는 이야기를 많이 하지는 않았나, 너무 엄마 뜻대로 아이를 이끌지 않았나 등을 고려해봐야 합니다. 만 두 살쯤의 아이들은 자율성이 형성되어 이것저것 자기 스스로 해보려는 욕구가 커집니다. 좌충우돌하면서 여러 가지 행동을 시도해보려 하지요. 이때 부모가 정한 대로만 아이를 끌고 가려 하거나 반대로 아이가 원하는 대로 끌려 다니며 다 들어주면, 아이는 바깥 생활에 적응하는

데 어려움을 겪습니다. 또한 점점 엄마 말을 잘 듣지 않는 아이로 자랄 가능성도 커집니다. 우선 부모의 양육태도가 그렇지는 않나 점검해보기 바랍니다.

그리고 평상시에 어린이집에 잘 다니던 아이가 갑자기 울면서까지 가기 싫다고 한다면 최우선적으로 어린이집 생활을 점검해봐야 합니다. 이 부분은 어린이집 선생님과 잘 상의해보고, 가능하면 직접 어린이집 생활을 한번 관찰해보기 바랍니다. 이 시기는 다른 아이들도 자기주장이 생기고 고집이 생기는 때라서 이런 또래 아이들과 있으면서 자기 마음대로 되지 않아 속상해서 그럴 수 있습니다. 아니면 어린이집 선생님과의 관계에 어려움이 있는 것인지, 생각만큼 빨리 뭔가를 성취하지 못해서 스트레스를 받아서인지 등 여러 가지 원인이 있을 수 있으므로 먼저 그 원인을 잘 찾아보기 바랍니다.

 네 살 된 딸이 맛있는 음식은 다 자기가 먹겠다며 그릇을 자기 쪽으로 가져가요. 다른 사람이 먹으면 울어버려요. 어린이집에서도 식탐이 많다는데, 친구들에게 미움을 받을까 봐 걱정입니다.

만 세 살쯤 됐을 듯한데 지금 한창 조절 능력을 연습하고 발달시켜 나갈 때군요. 이 시기에는 아직 조절이 충분히 되지 않아서 이래저래 문제행동처럼 보이는 행동을 합니다. 자연스러운 과정이기는 하지만 심리적 원인이 있지는 않은지 고려해볼 필요가 있습니다.

① 아토피 등 때문에 음식을 제한해야 해서 먹는 것에 더 욕심을 부리게 되었다
② 동생의 출생이나 환경상의 변화로 엄마에게 충분히 돌봄을 받지 못한다고 느껴 음식으로 심리적 허기를 채우려 한다
③ 평상시에 원하는 것을 다 들어주고 지나치게 허용하며 양육해서 자신이 원하는 대로만 행동하려 한다

만일, 위 상황에 해당된다면 일단 심리적인 어려움을 잘 이해하고 대처해야 합니다. 그러나 위 경우에 해당되지 않는다면 이는 '조절 능력'이 발달해나가는 과정에서 발생하는 미숙한 행동이라고 볼 수 있습니다. 이때에는 이상한 행동이라고 걱정하며 혼내기보다 '어떻게 하면 조절을 잘할 수 있게 조금씩 연습시킬까' 하는 방향으로 전략을 수정해야 합니다.

우선 환경을 조성해둬야 합니다. 아이의 연령이 어릴수록 훈육할 때는 환경조성이 최우선입니다. 아직 조절 능력이 충분히 형성되지 않은 아이에게 "참아라", "안 된다"고만 말하는 건 다이어트를 하고 있는 사람을 뷔페에 데리고 가서 "절대 음식을 먹지 말라"고 주문하는 것과 같습니다. 이때 다이어트에 성공하려면 어떻게 해야 할까요? 그렇습니다, 처음부터 가지 말거나 빨리 그곳에서 벗어나야겠지요. 자, 그렇다면 사연의 아이는 어떻게 도와야 할까요?

첫째, 예쁜 식판을 준비해서 아이의 식사는 식판에 주는 것도 방법입니다. 그래도 아이가 다른 사람의 음식을 계속 탐하고 울면, 가족들

도 당분간은 모두 식판이나 큰 접시에 음식을 담아 먹으면서 "자, 여기에 있는 것만 먹는 거야"라고 훈련시키기 바랍니다.

둘째, 긍정적인 행동을 강화해주세요. "안 된다"고만 하면 오히려 그 행동이 강화됩니다. 못하는 행동은 잠시 무시하고 자기 식판에 있는 음식만 먹을 때를 포착해서 "이렇게 딱 먹을 수 있는 만큼만 먹는구나" 하고 친절하고 부드럽게 말해주세요.

셋째, 대안을 주세요. "여기 있는 음식만 먹으면, 다 먹고 나서 엄마랑 ○○하면서 놀자" 등 아이의 관심이 전환될 수 있는 대안을 주기 바랍니다. 아이의 욕구를 다른 곳으로 분산시키고 이를 통해 더 즐거운 것을 찾을 수 있다는 것을 알게 하면 아이가 조절의 가치를 몸소 느낄 수 있습니다.

넷째, 규칙을 잘 설명하고 단호하게 대응하세요. 이렇게 했는데도 아이가 계속 울고 남의 음식을 계속 가져가려고 한다면, "이건 아빠가 드실 거야. 넌 네 걸 먹어야지"라고 말해주세요. 그러면 아이는 당연히 울음을 그치지 않고 더 크게 울겠지요. 그럴 때는 "네가 울어도 할 수 없어. 그럼 그만 먹을래?"라고 최후통첩을 하는 것도 고려해야 합니다.

밥상머리 교육은 아이들의 조절 능력을 키우는 데 아주 효과적인 방법으로 알려져 있습니다. 하지만 그 행동이 그다지 심하지 않다면 최후통첩까지 가지 않고 세 번째 단계 정도에서 해결되는 경우가 많습니다. 아직 어린 시기이므로 작은 행동을 보고 '앞으로 아이가 다른 사람에게 미움을 받으면 어쩌나', '사회성에 문제가 있으면 어쩌나'처럼 확대해서 걱정하지 말고 첫 번째 방법부터 세 번째 방법까지 포기하지 말고 꾸준히 반복해보기 바랍니다.

 네 살 막내아들이 뭔가 마음에 안 들고 뜻대로 안 되면, 손에 들고 있는 것을 확 던져버립니다. 친구들이 있어도 그냥 그 앞으로 던져서 친구들이 싫어해요. 어떻게 훈육하면 될까요?

아마 아이가 만 세 살쯤 된 듯하네요. 만 3~5세의 에너지 많은 남자아이들은 좌충우돌하면서 정말 사건사고를 많이 일으키는 경향이 있습니다. 그러다 보니 집집마다 아이 때문에 망가진 가전제품이 하나씩은 있기 마련이지요. 이는 대소근육은 점점 발달하고 에너지는 넘치는데, 아직 이를 조율할 조절 능력은 그만큼 발달하지 못했기 때문입니다. 또한 감정이 점차로 다양해지는데 아직 자신에게 느껴지는 감정의 정확한 정체를 잘 모르고, 이를 말로 표현하기는 더더욱 어렵다 보니 말보다는 행동으로 표현하는 것입니다. 그래서 조금만 마음에 안 들면 던지고, 화나면 때리고 무는 행동을 하지요. 이런 경우에는 다음과 같은 방법을 한번 고려해보십시오.

① **원하는 걸 너무 허용하지는 않는가**

아무래도 막내에게는 다른 형제들에 비해 좀 더 허용적인 태도를 취할 수 있습니다. 평소 자기 하고 싶은 대로 다 할 수 있는 환경에 있었다면 조금만 자기 뜻대로 안 돼도 참기 어렵습니다. 만약 그렇다면 해도 되는 것과 안 되는 것을 잘 구분해서 훈육해야 합니다.

② 소근육 등 신체보다 인지가 더 많이 발달되었나

머리로는 다 이해되고 다 될 것처럼 보이는데 막상 하면 잘되지 않을 때 아이들은 크게 좌절감을 느낍니다. 특히 어릴수록, 둘 사이의 발달 수준에 차이가 많을수록 이런 좌절감이 아이의 감정을 건드리는데 설상가상으로 이를 말로 잘 표현하지 못하니 당연히 행동으로 표출하게 됩니다. 이때는 제대로 된 마음 읽기가 가장 강력한 치료제입니다. 아이의 행동과 감정, 생각과 감정을 잘 연결해서 아이의 마음을 빨리 읽어주세요. 이런 마음 읽기는 아이가 물건을 던지기 전에 해야 효과를 볼 수 있습니다. 엄마는 아이 행동의 패턴을 알고 있을 테니 얼굴을 씰룩거리면 "아, ○○해서 싫지?"라고 마음을 읽어줘 감정이 행동으로 옮겨지지 않도록 진정시켜주세요. 그다음 빨리 아이 손을 잡고, "그럼 안 돼. 다치니까"라고 단호한 눈빛과 말투로 말해야 합니다. 그 후에 "그렇게 하지 말고 '친구야, ○○하자'라고 말해야 해"라고 짧은 대안을 주세요. 아직 세 살이니 한두 번 해서는 잘 고쳐지지 않을 겁니다. 포기하지 말고 꾸준히 훈육하기 바랍니다.

③ 충동적인 면이 있나

혹시 잠시도 가만히 있지 않고, 움직임이 많고, 작은 일에도 금방 흥분하는 등 아이에게 다소 충동적인 면이 있다면 앞뒤 가리지 않고 하고 싶은 행동을 저질러버리는 경향이 있습니다. 그렇다면 아무리 혼을 내도 그때뿐이고 던지는 행동을 멈추지 못합니다. 이럴 때는 아이가 행동하기 전에 "어허~", "잠깐!", "이런~" 같은 짧은 말을 아이의 행동을 차단하는 신호로 만들어 활용하기 바랍니다. 손을 잡거나 어깨를 가볍게 누르는 등의 가벼운 터치도 도움이 됩니다.

④ 상황파악 능력이 다소 부족한가

왜 엄마가 혼을 내는지, 왜 친구가 화를 내는지, 이걸 하면 왜 안 되는지 등을 잘 파악하지 못해도 아이들은 쉽게 화를 냅니다. 상황을 오해해서 더 분노를 느끼기도 하지요. 이럴 때는 "아, 친구가 너랑 같이 놀자는 거였는데, 너는 때리는 줄 알았구나"처럼 간단히 상황을 설명해줘 아이가 오해하지 않도록 도와야 합니다.

저는 아이의 마음을 읽어주고 스스로 옷도 골라 입게 하고 아이의 의견을 많이 묻는 편입니다. 그랬더니 지금 학교에 입학한 딸아이가 뭐든지 자기 마음대로 하려고 하네요. 친구들 것도 다 자기가 결정하려고 한다네요. 대체 어떤 부분에서 잘못된 걸까요?

아마 이 질문과 유사한 고민을 하는 엄마들이 꽤 있을 겁니다. 이럴 때는 다음과 같은 점을 먼저 고려하기 바랍니다.

① 올바른 존중을 했는가

아이가 원하는 것을 다 들어주고, 선택한 것에 모두 맞춰주는 게 아이를 존중하는 건 아닙니다. 훈육의 대원칙은 '마음은 받아주되 행동은 제한하라'입니다. 아이의 마음에 귀 기울이는 것은 매우 중요하지만 그게 모든 걸 다 들어준다는 의미는 아니라는 뜻입니다. 그러므로 혹시 아이의 선택에 지나치게 허용적이었다면, 되는 것 안에서만 선택할 수 있도록 하고 안 되는 선택을 했을 때는 대안을 줘서 자신의 욕구를 조절할 수 있도록 도와주기 바랍니다.

② 선택권을 줬지만 사실은 엄마가 원하는 대로 끌고 갔나

"그랬구나" 하면서 아이 마음을 읽어주긴 했지만 결국 엄마가 원하는 방향으로 이끌고 갔을 경우, 아이들은 자기 마음대로 하려는 경향을 드러냅니다. 여기에 해당한다면 정말 진지하게 아이 말에 귀를 기울이는 공감의 자세를 가져야 합니다.

③ 평소 다른 사람의 마음을 이해하는 연습을 했는가

집에 있을 때 아빠 음식도 자기 마음대로 정하려고 하면 "잠깐, 아빠는 지금 뭘 드시고 싶은지 한번 여쭤보자. 이건 아빠가 드실 거니까"라고 잠시 개입해보기 바랍니다. 그러고 난 다음에 엄마가 먼저 "아빠, 뭐 드시고 싶으세요?"라고 행동으로 역할모델을 보여주세요. 아빠가 "난 ○○이 먹고 싶어"라고 대답하면 다시 아이에게 "아빠는 ○○을 먹고 싶다고 하네. 네 생각이랑은 달랐네"라고 말해주세요. 이 과정을 통해 아이는 다른 사람의 마음을 생각하는 방법을 배워나갑니다.

 여섯 살 남자아이입니다. 선생님이 우리 아이에게 뭔가 지시하면 바로 행동하지 못하고 꼭 다른 행동을 한다고 합니다. 예를 들어 색칠을 하라고 하면 중간에 친구들이 노는 걸 본다거나 하원시간에 신발을 신으라고 하면 멍하게 있다가 신는다고 하네요.

① 혹시 주의가 산만한 성향인가

일상생활에서 산만한 아이들이 이런 행동을 자주 합니다. 혹시 이 경우에 해당된다면 가까운 상담센터를 방문해서 정확한 상태를 살펴볼 필요가 있습니다.

② 평소에도 새로운 상황으로 빨리 전환되지 않는가

일반적으로 예민하고 까다로운 아이들도 이런 행동을 많이 보입니다. 전환이 빨리 안 되는 아이는 어떤 일을 하고 있는데 새로운 일을 지시하면 움직이지 않고 다소 멍해집니다. 이 경우에 해당된다면 집에서도 뭔가 새로운 일을 시킬 때, 하고 있는 걸 그만두고 다른 상황으로 넘어가야 할 때 지시를 잘 따르지 못할 겁니다. 이때에는 ① "이제 5분 뒤에 ○○할 거야"라고 미리 예고하기 ② 멍해질 때 손뼉을 치거나 어깨를 살짝 두드리는 신호를 줘 전환을 돕기 등의 방법을 사용할 수 있습니다.

③ 평소 엄격한 분위기에서 자랐는가

어릴 때는 엄격한 엄마, 아빠 앞에서 저항하지 못하지만 마음속에 점점 화가 생겨서 자기도 모르게 말을 최대한 늦게 듣는 수동적 공격

행동을 할 수 있습니다. 만일 그렇다면 너무 엄격하게 혼내기보다 아이 스스로 결정하고 스스로 행동할 수 있는 기회를 많이 주고, 못하는 것에 초점을 맞춰 자꾸 혼내기보다 지금 잘하고 있는 것에 초점을 맞춰 아낌없이 격려할 필요가 있습니다.

 일곱 살 남자아이인데 부모에게 버릇없고 짜증 내는 말투, 명령조를 씁니다. 공손하게 말하라고 가르치는데도 잘 안 고쳐져요. 이대로 습관으로 굳어져 내년에 학교 가서도 그럴까 봐 걱정입니다.

① **평소 자기 생각과 마음을 말로 잘 표현하는가**

일반적으로 자기 마음을 잘 표현하지 못하는 아이는 짜증, 화, 고집 등의 행동을 보일 때가 많습니다. 여자아이들은 짜증을 부리고 징징거리고 삐치는 행동을 하는 경우가 많고, 남자아이들은 고집부리고, 반말하고, 공격적인 행동을 하는 경우가 많습니다. 그래도 내년에 입학하는 연령이라면 이제부터는 행동보다 말로 자기 마음을 잘 표현해야 하고 감정을 조절하는 연습을 해야 합니다.

공감하고, 안 되는 이유를 설명하고, 대안을 주는 간단한 훈육 방법을 사용해보기 바랍니다. 이때 아이의 부정적 태도에만 반응을 하고 혼내면 오히려 이런 태도가 강화될 수 있습니다. 아이가 버릇없게 행동하고 말투가 공손하지 않을 때는 잠시 침묵하고, 아이가 공손하게 말하면 반응을 해주거나 "그렇게 말하니까 엄마가 기분이 좋아져서 금방 들어주고 싶네"처럼 격려해줄 필요가 있습니다.

② 평소에 너무 엄격하거나 허용적이었나

너무 엄격해서 이것저것 혼도 많이 내고 못하게 하는 게 많았다면 자라면서 더욱 고집스러워지고 말을 안 듣고 부모의 말투 등을 그대로 따라 하게 됩니다. 또 허용적인 경우에도 아이의 부적절한 행동과 태도를 고쳐주지 않고 그냥 허용했기 때문에 자기 마음대로 하려는 태도가 강화됩니다. 만일 이런 경우라면 아이의 마음은 받아주되 훈육을 하는 태도가 필요합니다.

③ 아이가 진짜 무엇을 원하는지 알아차리기 어려운가

부모가 민감성이 떨어져 아이가 원하는 걸 헤아리지 못할 때도 아이들은 짜증을 부리거나 부적절한 태도로 자신의 불편한 마음을 표현합니다. 만일 그렇다면 뭔가를 빨리 해결해주려고 하지 말고 '지금 내 아이의 마음은 어떨까'를 먼저 고려해보세요. 그런 후에 이를 말로 표현해주는 공감적인 태도가 필요합니다.

④ 아이가 다소 충동적이거나 예민한 성향인가

이럴 때도 아이들은 자기 생각대로 되지 않는 상황을 견디지 못해서 부적절한 표현을 합니다. 특히 남자아이는 아직 말로 자기 마음을 잘 표현하지 못할 때가 많아서 버릇없고 고집 센 아이로 비칠 수 있습니다. 혹시 아이에게 이런 성향이 많이 나타난다면, 학교에 들어가기 전에 상담 등을 통해 아이의 상태를 객관적으로 평가해볼 필요가 있습니다.

⑤ 부모의 태도가 그렇지는 않은가

아이들에게는 백 마디 말보다 한 번의 행동이 강력한 효과를 미칩니다. 혹시 부모 중에 이런 태도를 보이는 사람이 있다면 아이는 그 말투와 태도를 그대로 따라 배웁니다. 아이들에게 부모는 살아 있는 교과서입니다. 이 경우에 해당된다면 부모의 대화 방법, 표현 방법을 바꾸려고 노력해야 합니다.

초등학교 2학년이 된 여아인데, 꼼꼼하고 원리원칙을 많이 따지는 편이고 자신이 못하는 것을 견디지 못합니다. 그러다 보니 계속 친구들과 마찰도 생기고 사회성이 부족합니다.

원리원칙을 고수한다는 것은 자신이 생각하지 않은 일, 새로운 일을 받아들이는 데 시간이 걸린다는 의미이기도 합니다. 그러니 순간순간 다양한 일이 발생하는 또래관계가 부담스러울 수 있습니다. 또한 부정적인 감정도 잘 처리되지 않다 보니 게임에서 지거나 잘되지 않는 상황을 견디지 못하고 화를 내게 됩니다. 이럴 때는 다음과 같은 방법을 써보세요.

첫째, 스스로 결정하고 실행할 수 있는 기회를 많이 제공해주세요. 뜻대로 되지 않는 상황은 얼마든지 생길 수 있지만 이를 자신이 해결할 수 있다고 생각하면 아이들도 조금은 너그러워집니다. 그러기 위해서는 부모가 다 해주지 말고 아이 스스로 생각하고 행동하도록 돕는 자세가 필수적입니다.

둘째, 항상 과정에 집중해주세요. 결과보다는 과정에 집중해서 반응해주면 '안 되면 어떻게 하나', '못하면 어떻게 하나' 하는 불안이 감소하고 '난 열심히 하니까 잘될 거야' 하는 자신감이 생깁니다. 그러면 게임이 원하는 대로 잘 풀리지 않아도, 공부가 잘되지 않아도 감정을 잘 조절하고 능동적으로 노력하게 됩니다.

그런데 사회성 문제 등으로 학교생활에 잘 적응하지 못할까 봐 걱정이 된다면 가까운 상담센터를 찾아 아이의 전반적인 상황을 객관적으로 점검해보고, 필요하다면 놀이치료 등의 심리치료를 받아볼 것을 권합니다.

 다섯 살 된 남자아이인데, 말을 한번 시작하면 무슨 이야기를 하는지 모를 정도로 많이 합니다. 말이 너무 많아서 한 시간만 같이 있어도 짜증이 날 정도예요.

이는 관심을 끌기 위한 행동일 수도 있지만 그보다는 자기 머릿속에 넘치는 재기발랄한 생각을 표현해내는 행동으로 보입니다. 하지만 다소 충동적인 아이들도 끊임없이 말하는 경향이 있으므로 어느 정도는 조절하는 연습이 필요하겠습니다. 다음과 같이 한번 해보기 바랍니다.

첫째, 아이의 이야기를 잘 듣다가 갑자기 주제가 전환될 때를 놓치지 마세요. 충동적인 아이는 주제의 전환이 빠르고 이야기가 전혀 다른 방향으로 흘러가기도 합니다. 그럴 때 기회를 포착해 중간 요약 정리를 해주세요. 엄마가 잘 듣고 있다가 "아, 그러니까 ○○○이라는 말이구나"라고 아이가 했던 말을 요약해주세요. 그다음에는 그 이야기를 더 확장할 수 있도록 힌트를 주세요. 이야기가 자꾸 전환되면 "그런데 말야, 그다음은 어떻게 됐는데?"라는 식으로 이야기를 이어가도록 이끌어주세요. 이런 반응을 통해 아이는 한 가지 주제에 대해 조금 더 깊이 생각하게 됩니다.

둘째, 이야기뿐 아니라 놀이, 그림 등으로 아이의 머릿속에 있는 생각을 표현할 기회를 주세요. 말로도 표현할 수 있지만, 생각이나 마음을 표현하는 통로로 놀이만큼 좋은 것도 없습니다. 역할놀이나 가상놀이를 함께 해주는 것도 좋습니다. 또한 아이가 아직 어려서 완전한 그림으로 생각을 표현하기는 어렵겠지만 간단한 그림을 그리게 하는 것도 좋은 방법입니다.

셋째, 대화의 양을 점점 늘려보세요. 지금 엄마는 한 시간 동안 아이의 이야기를 그냥 듣고만 있으려니 재미도 없고 기운도 쭉쭉 빠질 겁니다. 이런 상황에 있는 아이는 주고받는 대화를 연습해야 합니다. 엄마가 동화를 읽어주다가 클라이맥스에서 이야기를 끊고 "그다음에는 어떻게 될 것 같아?"라고 질문하면 아이가 이야기를 연결해보는 식으로 서로 이야기를 주고받는 활동을 늘려보기 바랍니다.

나를 나답게 해주는 힘, 자존감

사람을 행복하게 만들고 성공으로 이끄는 심리적 힘이 무엇이냐고 묻는다면 많은 심리학자들이 주저 없이 자존감이라고 답할 것입니다. 자존감은 말 그대로 자기 스스로를 존중하는 힘으로 '나는 괜찮은 아이다', '나는 형편없는 아이다'라는 식의 평가적 특징을 갖고 있습니다. 주변을 살펴보면 아무리 어려운 일이 닥쳐도 그것을 잘 견뎌내고 오히려 성공으로 이끄는 사람이 있는가 하면, 모든 것을 다 가진 듯해도 항상 '힘들다', '어렵다' 하며 쉽게 포기하거나 자신이 가진 능력을 다 발휘하지 못하고 사는 사람이 있습니다. 이러한 차이는 어디에서 오는 것일까요?

몇 해 전 EBS 다큐프라임 〈아이의 사생활〉 중 '자존감' 편에 참여해서 몇 가지 실험을 했습니다. 아이들에게 실험 과제를 주기 전에 '성공할 확률이 얼마나 될 것 같은가?'라고 질문하고 실제로 아이들이 얼마나 그 과제를 성공적으로 완수했는지 측정해봤습니다. 놀랍게도 성공할 확률이 높다고 예상한 그룹은 많은 아이들이 과제를 성공적으로 완수했고 성공할 확률이 낮다고 답한 그룹의 많은 아이들은 과제를 완수하지 못했습니다. 자신감을 갖고 과제에 임한 아이들이 실제로도 훌륭하게 과제를 해낸 것입니다. 이처럼 아무리 어려운 일이 있어도 잘해낼 것이라고 믿고 자신에게 주어진 일을 즐겁게 해내는 힘이 바로 자존감입니다.

자존감을 지탱하는 세 기둥

자신과 다른 의견은 전혀 받아들이지 못하고 화를 내 친구들이 같이 놀려고 하지 않는 아이, 자신의 의견이나 생각이 없고 친구들이 하자는 대로 따라 하기만 하는 아이, 게임에서 지면 울고 판을 엎어버려서 친구들의 원성이 자자한 아이, 새로운 것을 좀처럼 시도하지 않아서 가르치기가 쉽지 않은 아이, 조금만 어려워도 엄마나 선생님에게 쪼르르 달려가 도움을 요청하는 아이, 친구들과 어울려 노는 것에 어려움을 겪고 있는 아이. 이 아이들의 공통점은 바로 자존감에 문제가 있다는 것입니다.

자존감은 말 그대로 스스로를 존중하는 힘입니다. 보통 자존감은 자기 가치감, 유능감, 자신에 대한 호감으로 나뉩니다. 자기 가치감이란 나는 사랑받기 위해 이 세상에 태어났고, 나는 나 자체로 충분히 가치 있다고 느끼는 '존재에 대한 확신'입니다. 이런 확신을 가진 아이들은 아무리 힘든 상황이 와도 자신이 무가치하고 형편없는 사람이 아니라는 것을 믿습니다. 유능감이란 아무리 어려운 일이 있어도 이것을 해결할 수 있는 능력이 자신에게 있다는 믿음입니다. 마지막으로 자신에 대한 호감은 자신이 지금 당장 어떤 일을 해내지 못하고 어려움을 겪고 있다고 해도 자신이 혐오스럽거나 실망스럽지 않다는 믿음입니다. 자신에 대한 호감이 큰 아이들은 오히려 이럴 때일수록 자기 자신에 대해 깊은 신뢰감을 보입니다.

자존감이 높은 아이들은 과제를 받았을 때 '나에게는 이것을 해낼 수 있는 능력이 있다. 하지만 못 해낸다고 해서 내가 무가치한 사람이 되는 것은 아니다. 만약 실패한다고 해도 열심히 최선을 다해서 즐겁게 하는 내 자신이 나는 마음이 든다'고 생각합니다. 반면 자존감 낮은 아이들은 아무리 많은 능력을 갖고 있어도 자신을 비판하고 평가절하하면서 끊임없이 스스로를 못살게 굽니다.

자존감은 나를 나답게 살 수 있도록 이끄는 힘입니다. 자기비판을 넘어서 있는 그대로의 자기를 수용하도록 만드는 놀라운 힘입니다. 자신이 가진 능력을 충분히 발휘하면서 살아가는 아이로 키우고 싶다면, 자존감부터 키워줘야 합니다.

 **Tip** 자존감이 높은 아이 vs. 낮은 아이

자존감은 현재의 삶과 미래의 삶에 큰 영향을 미칩니다. 기본적으로 자존감이 높은 아이들은 새로운 일을 할 때 다음과 같은 특징을 보입니다.

일을 대하는 태도

자존감이 높은 아이	자존감이 낮은 아이
• 일에 집중함 • 합리적인 생각을 함 '자, 일을 제대로 처리하려면 무엇부터 해야 하지?' '지금 상황에서 무엇이 필요하지?'	• 일보다는 사람들의 평가에 집중함 • 다른 사람의 눈치 보기에 급급함 '어떻게 해야 망신을 당하지 않을까?' '혹시 혼나면 어떻게 하지?'

일반적인 특성

자존감이 높은 아이	자존감이 낮은 아이
• 다른 사람들과 좋은 관계를 맺을 수 있다. • 다른 사람의 마음을 잘 이해하고 인정이 많으며 배려심이 많다. • 친절하고 사람들에게 예의 바르게 행동한다. • 자신에게 주어진 일을 똑 부러지게 해낸다. • 몸과 마음이 모두 건강하다. • 일을 처리할 때 현명한 선택을 할 수 있다. • 자신감이 있다. • 다른 사람과 협상하면서 의사소통을 잘할 수 있다. • 일상생활에서 긍정적인 마음을 갖고 있다.	• 자신감이 저하돼 있다. • 의존적이고 또래관계 맺기가 어렵다. • 사랑을 끊임없이 확인한다. • 자신에 대해 부정적으로 평가한다. • 다른 사람 비위 맞추기에 급급하다. • 비합리적이며 왜곡된 생각을 많이 갖고 있다.

자신과 주변 사람들을 사랑하는 힘

하루는 한 아이가 시무룩한 표정으로 상담실로 들어왔습니다. 요즘 또래관계가 어렵다는 것이 주된 이유였습니다. 아이는 "나는 다른 아이에 비해 잘하는 것이 하나도 없어요. 그래서 친구들이 저에게 별로 관심을 안 갖는 것 같아요"라고 푸념을 했습니다. 사실 그 아이는 다른 아이들에 비해 말주변도 있고, 공부도 잘하는 등 장점이 많습니다. 그러나 아이는 좀처럼 자신의 장점을 인정하지 않았습니다. 왜 이런 일이 생긴 걸까요?

비밀의 열쇠는 바로 자존감에 있었습니다. 이 아이는 자존감이 낮아서 아무리 100점짜리 성적표를 받아도, 말을 조리 있게 잘한다고 칭찬해줘도 자신의 좋은 점을 절대로 믿을 수 없었던 것입니다. 그렇다면 자신에 대한 믿음은 언제부터 형성될까요?

아이들은 태어날 때부터 '나는 근사한 아이야!', '이 세상은 너무도 안전하고 멋진걸!', '사람들은 나를 사랑할 거야'라고 생각하지 않습니다. 오히려 태어나는 순간은 엄마 몸에서 분리돼서 불안한 상태입니다. 이후 안정된 애착관계를 형성해주고 사랑의 눈길로 쳐다봐주고, 아직 말도 못하고 움직이지 못하는 아이의 생물학적 필요에 적극적으로 반응해주는 엄마의 행위를 통해 '아, 나는 안전해'라는 믿음을 갖게 됩니다. 그리고 이런 믿음을 기반으로 아이는 만 두 살 무렵부터 점차 자존감을 키웁니다. 대소변 보기, 걷기, 말하기 등 스스로 해나가는 것도 많아집니다. 이 시기에 부모는 아이의 자율성을 이해하고 아이가 실패하고 성취하는 과정을 통해 자존감을 키워나갈 수 있도록 도와야 합니다.

자존감은 만 2~7세까지의 양육태도를 통해 형성되고 기초적인 뿌리도 이때 만들어진다고 볼 수 있습니다. 이 시기에 부모와의 관계 속에서 아이의 욕구가 심하게 좌절되거나, 심한 정신적 충격을 받거나, 과도하게 만족스러운 경험을 많이 해서 욕구조절 기회를 잃어버리면 부정적 자존감이 형성됩니다. 또한 주변 사람들의 비난을 많이 받으면 성인이 돼서도 성공 경험보다는 실패 경험에 초점을 맞추고 살기 쉽습니다. 이런 경우 아무리 좋은 점을 많이 갖고 있다 해도, 아무리 빛나는 성취를 이뤄도 만족하지 못하고 부정적 신념에 사로잡히게 됩니다.

이처럼 자신을 바라보는 관점이 뒤틀려 있으면 다른 사람을 바라보는 관점도 비슷해집니다. 가진 것이 많지 않고, 성공하지 않은 사람은 존중하기 어렵고, 실수하는 사람을 보면 끊임없이 비판하고 정죄합니다. 또 자신보다 나은 사람을 보면 질투와 시기로 마음이 지옥이 되어 버립니다. 상대방의 가치를 이런 식으로 보기 시작하면 주변 사람들을 나보다 못 가져서 무시해도 되는 사람과 나보다 많이 가져서 질투해야 하는 사람으로 양분하기 때문에 좋은 관계를 맺지도 못합니다. 사람들과 진정한 관계를 맺으려면 존재 자체를 귀하게 여길 수 있는 자존감이 제대로 형성되어 있어야 합니다.

자존감은 세상을 보는 안경이다

자존감은 많은 사람들에게 큰 의미를 주는 단어인 듯합니다. 상담센터를 방문하는 많은 엄마들이 한결같이 자존감에 대해 고민하고 자녀의 자존감을 향상시키는 방법에 대해 물어오곤 합니다. 자존감이 낮은 아이의 부모는 적절한 시기를 이미 놓쳐서 아이를 돕기에 너무 늦어버린 것은 아닌지 걱정합니다.

아이들은 부모와의 안정된 애착관계뿐 아니라 각 시기마다 반드시 이뤄야 할 발달 욕구가 존중되지 않았을 때, 자신의 타당한 욕구와 감정을 표현할 자유가 주어지지 않았을 때 자존감이 손상됩니다. 물론 이와 반대로, 엄마가 아이의 욕구를 다 들어줘서 만족스러운 경험을 너무 많이 해도 자존감이 낮게 형성될 수 있습니다. 또한 어린 시절에 실패 경험이 너무 많아서 지속적인 비난을 받았다면 '나는 무능하다'는 왜곡된 믿음이 생기고 이것이 성인기까지 지속됩니다. 그러나 자존감이 높은 아이들은 이러한 자기비판을 넘어 있는 그대로의 자신을 수용합니다.

자존감은 훈장이 될 수도 있고 평생 가슴에 숨기고 살아야 하는 주홍글씨가 될 수도 있습니다. 자존감은 색깔 있는 안경과도 같습니다. 누구나 한 번쯤은 수수깡으로 안경을 만들었던 기억이 있을 것입니다. 수수깡 안경에 빨간색 셀로판지를 붙이면 세상이 온통 빨간색으로 보이고, 검은색 셀로판지를 붙이면 검은색으로 보입니다. 자존감이란 바로 이런 안경과 같은 역할을 합니다. 자신이 무능하다고 생각하면 무능한 것이고 유능하다고 생각하면 유능한 것입니다. 어떤 자존감의 안경을 끼고 보는가에 따라 자신과 세상이 다르게 보입니다.

그렇다면 한번 형성된 자존감은 변하지 않을까요? 그렇지 않습니

 Tip 자존감과 자존심의 차이

일에 대한 마음가짐	'이건 꼭 해내야 해. 안 그러면 사람들이 나를 비웃을 거야. 칭찬받기 위해서라도 꼭 해낼 거야.'	자존심
	'이거 재미있겠는데. 어떻게 하면 이걸 할 수 있을까?'	자존감
새로운 것을 시도할 때	'못하면 안 되잖아' 하며 좀처럼 시도하지 않는다.	자존심
	'안 될 수도 있지만 한번 해볼까?'라며 시도한다.	자존감
성공에 대한 마음	'반드시 해내야 해. 안 그러면 큰일 나.'	자존심
	'난 잘하고 싶어. 한번 노력해보지, 뭐.'	자존감
실패한 상황에 대한 반응	'말도 안 돼. 이런 일이 나한테 생기다니. 다른 사람이 뭐라고 하겠어.'	자존심
	'이런, 속상하군. 하지만 노력은 했잖아. 다시 한번 해보지, 뭐.'	자존감
실패의 원인에 대한 반응	'그럴 리가 없어. 내가 어떤 사람인데. 이건 뭔가 잘못된 거야.'	자존심
	'내가 놓친 부분은 무엇일까? 무엇을 더 하면 될까?'	자존감
실패한 자신에 대한 평가	'그럴 줄 알았어. 역시 난 무능해.'	자존심
	'기분은 나쁘네. 하지만 그렇다고 내가 무능한 사람은 아니지.'	자존감

다. 인간의 좋은 특성 중 하나가 바로 탄력성입니다. 다행히 인간은 끊임없이 변화하고 발전합니다. 한번 상처받아서 휘어졌다고 해서 평생을 그 모습으로 살지는 않습니다. 따라서 실패했다고 해서 좌절할 필요가 없습니다. 아이가 자존감이 낮다면 지금이라도 안경을 바꿔 끼면 됩니다. 그러면 황폐한 땅에 자존감이라는 예쁜 꽃이 피어날 것 것입니다.

자존감이 있어야 다른 사람을 이끌 수 있다

요즘 들어 많은 부모님들이 아이를 리더로 키우고 싶어 합니다. 건강한 리더십에는 다른 사람을 존중하는 마음, 의사소통 능력, 적극성, 갈등조절 능력, 문제해결 능력이 포함되어 있습니다. 훌륭한 리더는 자신이 원하는 대로 상대를 끌고 가지 않습니다. 대화로 갈등을 조정하면서 문제를 성공적으로 해결해나갑니다. 이런 자질들은 자존감이 높은 아이들에게서도 발견됩니다. 자존감이 높은 아이들은 친구가 원하는 것을 잘 이해합니다. 또한 협상 능력과 성공에 대한 자신감이 높아서 실패하더라도 이를 긍정적으로 바꿀 수 있는 힘이 있습니다. 이와 같은 자신감과 문제해결 능력 덕분에 많은 친구들이 자존감 높은 아이를 믿고 따릅니다.

건강한 리더가 되려면 다른 사람의 감정을 잘 파악하고 이해하고 보듬어 안을 수 있는 공감 능력이 필수적입니다. 자존감이 높은 아이들은 공감 능력도 뛰어납니다. 그러나 자존감이 낮은 아이들은 상대가 자신을 어떻게 평가할지 신경 쓰느라 다른 사람의 마음을 돌아볼 여유가 없습니다. 어떤 때는 다른 사람의 감정을 자기 방식대로 부정적으로 해석하기도 합니다. '저 친구가 왜 나를 보고 웃지? 분명 나를 비웃는 거야', '내가 뭘 잘못했나? 왜 나를 쳐다보지?'라는 식으로 상대의 행동과 마음을 자기 식대로 부정적으로 생각합니다. 그러느라 다른 사람의 마음을 들여다볼 여유가 없습니다.

반면 자존감이 높은 아이들은 다른 사람의 평가에 신경 쓰지 않기 때문에 여유가 있습니다. 그 시간에 좋은 관계에 대해 생각하고 더 나아가서는 멘토의 역할까지 합니다. 자존감은 본인뿐 아니라 주변 사람들에게도 긍정적인 영향을 줘서 더불어 행복하게 살아갈 수 있게 합니다.

자존감 발달을 위하여

사회성 발달의 기초인 자존감을 높이기 위해서는 부모가 아이들에게 다음과 같은 도움을 줘야 합니다.

반복되는 성공 경험 제공하기

미국의 심리학자 마틴 셀리그먼(Martin Seligman)은 개를 데리고 재미있는 실험을 했습니다. 실험에 참여한 개는 바닥에 전기가 흐르고 있는데도 움직일 생각을 하지 않을 정도로 매우 무기력한 상태에 있었습니다. 그러나 바닥에 전기를 흐르게 한 다음 개의 목줄을 잡아당겨서 다른 방으로 옮겨주는 실험을 반복하자, 어느 날부터 바닥에 전기가 흐르면 벌떡 일어나 다른 방으로 움직였습니다. 무기력해진 상태임에도 반복적으로 성공 경험을 제공하자 상황을 극복할 수 있게 된 것입니다.

욕심은 줄이고 성공 경험은 늘리기

미국의 심리학자 윌리엄 제임스(William James)는 '자존감=성공/욕심'이라는 공식을 소개했습니다. 즉, 자존감을 높이려면 엄마의 기대 수준을 낮추고, 아이에게 성공 경험을 많이 제공해줘야 합니다. 방법은 아주 간단합니다. 밥상을 차릴 때 돕게 하고, 스스로 가방을 챙기고 옷을 챙겨 입는 등 사소한 일상생활을 엄마의 도움 없이 혼자 해보도록 유도하면 됩니다. 이런 과정을 통해 아이들의 성공 경험이 쌓이고 이는 건강한 자존감으로 연결됩니다.

부정적인 평가보다 긍정적인 평가를

실수하고 못하는 것에 초점을 두고 부모가 부정적인 평가를 자주 하면 아이는 자신감을 잃어버릴 수 있습니다. 따라서 아이가 잘하는 점에 초점을 두고 격려해줘야 합니다. 아이는 격려받은 힘으로 다른 것도 잘할 수 있게 됩니다.

엄마가 주고 싶은 것이 아니라 아이가 받고 싶은 것 주기

내 아이를 잘 키우고 싶지 않은 부모가 있을까요? 그러나 부모들은 종종 아이가 진짜 원하고 받고 싶어 하는 것이 있다는 걸 잊어버리고 자신이 주고 싶은 걸 줍니다. '내가 어렸을 때, 엄마에게 이걸 꼭 받고 싶었어. 내 아이에게는 이것을 꼭 해줘야지' 하는 생각은 버려야 합니다. 그 대신 '지금 내 아이가 나에게 받고 싶은 것은 무엇일까?'를 고민해봐야 합니다.

아이의 이야기 경청하기

아이가 원하는 것을 주려면 일단 아이의 이야기를 잘 들어야 합니다. 진심을 다해 마음과 귀를 열고 아이의 이야기를 듣다 보면 아이의 마음이 환하게 보입니다. 자신의 이야기를 들어주려고 노력하는 부모의 모습을 보면서 아이의 자존감은 점점 높아질 것입니다. 그리고 이 힘은 다른 관계에도 적용되어 부모가 자신을 대했던 대로 다른 사람을 대하게 됩니다. 자신이 주고 싶은 것이 아니라 다른 사람이 진짜 받고 싶어 하는 것을 찾아서 주고, 다른 사람의 이야기를 경청합니다. 또한 다른 사람이 잘못하는 것보다는 잘하는 것을 찾아서 격려합니다. 좌절 상황에도 낙담하지 않고 해결하려고 노력하는 모습을 보이며 다른 사람들에게 희망의 메시지를 전달합니다. 이런 모습이 바로 우리가 바라는 건강한 리더의 모습입니다.

 **Tip** 내 아이의 자존감 점검해보기

새로운 일을 시도하는 태도	일에 대한 두려움 때문에 새로운 시도를 하지 않는 아이는 자존감이 낮다고 볼 수 있다.
새로운 일과 도전에 대한 예측	성공보다는 실패를 더 많이 예측하고 걱정하는 이이는 자존감이 낮다고 볼 수 있다.
좌절 상황에서 견뎌내는 힘	조금만 어려운 상황이 와도 쉽게 포기하는 아이는 자존감이 낮다고 볼 수 있다.
좌절 상황에서 스스로에게 내리는 평가	작은 실패에도 "그것 봐, 그럴 줄 알았어" 또는 "그러니까 내가 못한다고 그랬잖아" 등의 반응을 보이며 자신을 깎아내리고 좌절하는 아이는 자존감이 낮다고 볼 수 있다.
다른 사람의 시선을 신경 쓰는 태도	끊임없이 다른 사람의 평가에 신경을 쓰는 아이는 자존감이 낮다고 볼 수 있다.

 **자존감을 키워주는 놀이 원칙**

영유아기 때는 아이와 잘 놀아주기만 해도 자존감이 형성됩니다. 아이들에게는 놀이가 바로 대화이기 때문입니다. 이때 자존감이 높아지느냐 아니냐는 엄마의 놀이태도에 달려 있습니다. 엄마의 훌륭한 놀이태도를 경험한 아이는 이와 동일한 방법으로 또래와 놀이를 하면서 사회성을 키워나갑니다.

자기 가치감을 높여주는 놀이태도

① **놀이의 주인공은 아이** 놀이를 할 때 엄마가 다 준비해주고, 이끌어주고, 내용도 만들어주면 아이는 놀이의 주인공이 될 수 없습니다. 좀 답답해도 아이가 준비하고, 내용을 만들고, 스스로 진행하도록 기다려주는 안내가 필요합니다. 그래야 놀이를 통해 아이가 자기 가치감과 자신감을 키워나갈 수 있습니다. 다음은 함께 게임을 하려는 성원이와 엄마의 대화 내용입니다.

성원 (처음 시도하는 게임의 설명서를 본다.)
엄마 어떻게 하는 거야? (시간이 조금 걸리자 지루한 표정을 지으며) 아, 이리 줘봐. 엄마가 한번 읽어볼게.
성원 잠깐만! 내가 조금 더 읽어볼게.
엄마 시간 너무 많이 걸리잖아. 오늘은 그냥 엄마가 가르쳐줄게.
성원 (조금 망설이다가 엄마에게 건네주며) 알았어.
엄마 (설명서를 읽으면서) 아! 이렇게 하는 거네! 해보자!
성원 에이, 나 이거 재미없어. 다른 거 할래.

성원이는 자신에게 생각해볼 시간을 주지 않는 엄마와 더 이상 놀이를 하고 싶은 마음이 없어져버렸습니다. 이런 경험이 계속되면 아이는 존중받는다는 느낌보다는 자신이 별 능력도 없고 가치도 없는 존재라는 느낌을 더 많이 받게 됩니다. 이렇게 성장한 아이들은 다른 사람에게도 동일한 태도를 취합니다. 기다리지 못하고 뭐든 자신이 결론을 내버리기 때문에 다른 사람들을 존중할 수 없습니다. 그렇다면 이번에는 다른 놀이태도를 살펴보겠습니다.

성원 (처음 시도하는 게임의 설명서를 본다.)
엄마 어떻게 하는 거야? (시간이 조금 걸리자) 게임이 조금 복잡한가 보다.
성원 응, 잘 모르겠어. 나한텐 너무 어려운가 봐.
엄마 그래도 읽다 보면 방법을 알 수 있을 거야.
성원 (조금 망설이다가 엄마에게 건네주면서) 엄마가 해봐, 난 잘 안 돼.
엄마 (설명서를 읽으면서) 그래? 그럼 같이 살펴보자. 네가 이해한 데까지 알려줘봐.

위 경우처럼 아이를 기다려주고 의견을 존중해주면 아이 스스로 자신에 대한 가치를 발견합니다. 뿐만 아니라 이렇게 자란 아이는 다른 사람에게도 인내심과 존중감을 발휘해 좋은 관계를 맺고 유지할 수 있습니다. 자존감은 이렇게 사회성과 직결됩니다.

② **놀이에 집중하기** 놀이를 할 때는 아이에게 시선을 맞추고 집중해야 합니다. 그래야 아이가 무엇을 원하는지, 어떤 느낌을 갖고 놀이를 하고 있는지 알 수 있습니다. 이런 놀이태도를 통해 아이는 엄마가 자신을 사랑하고 존중해주고 있다는 것을 느낍니다.

유능감을 높여주는 놀이태도

아이 스스로 뭔가 해낼 수 있다고 격려하고 확신을 주는 엄마의 놀이태도를 통해 아이들은 유능감을 쌓아갑니다.

① 질문은 그만! 탐색할 수 있는 시간 주기　아이가 놀이를 할 때 부모가 계속 질문을 하면 아이는 스스로 생각하고 판단할 기회를 잃어버리고 맙니다. 다음은 엄마와 가람이의 놀이 장면입니다.

가람　(소꿉놀이 세트를 꺼내온다.)
엄마　가람아, 엄마한테 뭐 만들어줄 건데?
가람　카레라이스 할 거야.
엄마　카레라이스? 감자랑 양파도 필요하고 밥도 해야겠네?
가람　(귀찮은 목소리로) 응.
엄마　아, 맛있겠다. 누구 줄 거야?
가람　(심드렁하게) 엄마랑, 나랑.
엄마　아빠 안 줄 거야?
가람　(단호하게) 안 줄 거야.
엄마　아빠 왜 안 줘?
가람　그냥 안 줘.
엄마　아빠가 얼마나 우리를 사랑하는데 그럼 안 되지, 우리 아빠에게도 주자.
가람　응.

엄마 그럼 아빠에게 뭐라고 하면서 갖다드릴 거야?

가람 맛있게 드세요, 그래야지.

이렇게 대화를 하면 아이는 자기 생각을 할 시간도 없이 엄마의 질문에 대답하기 바쁩니다. 이런 놀이태도는 유능감 형성을 방해할 뿐 아니라 다른 아이와 놀이를 할 때도 엄마와 경험했던 놀이태도를 그대로 재연할 가능성이 큽니다. 방해하고 간섭하는 행위는 사회성 발달에 아무런 도움도 되지 않습니다.

② 과도한 칭찬 줄이기 과도한 칭찬은 주로 특별한 기준과 잣대에서 나오는 평가이기 때문에 자신보다는 오히려 타인에게 초점을 맞추고 살아가도록 만들 우려가 있습니다. 유능감을 높이려다가 오히려 낮추는 역효과를 가져오기도 하는 것이지요. 따라서 놀이를 할 때는 "우와!", "허억!" 같은 감탄사는 줄이는 게 좋습니다. 그 나이에 할 수 있는 일은 등을 몇 번 두드리고 격려하는 정도로 담담히 넘겨야 합니다. 아울러 아이의 모든 행동을 '착하다' 또는 '나쁘다'로 구분하지 않도록 주의해야 합니다.

③ 아이가 잘난 척할 수 있는 기회를 만들어주기 "그래 엄마가 해줄게"보다는 "그래 엄마가 보고 있을게"라고 말하면서 아이 스스로 할 수 있다는 것을 믿게 해줘야 합니다. 성격이 급한 엄마들은 아이의 어설픈 행동을 참지 못하고 대신해주고 맙니다. 그러나 이러한 태도로는 아이

의 유능감을 키워줄 수 없습니다. 엄마는 아이가 아무리 어설퍼도 해낼 때까지 기다려줘야 합니다. "왜 그렇게 못하니? 빨리해"라고 재촉하지 말고 "애쓰고 있네"라고 말해주는 것이 좋습니다. 또한 완성된 결과보다 시도하려는 동기를 더 격려해줘야 합니다.

자신에 대한 호감을 높여주는 놀이태도

① 놀이시간을 훈계하는 시간으로 만들지 않기　놀이치료실에서 엄마와 아이의 놀이를 평가할 때조차도 어떤 엄마는 "왜 이렇게 해? 넌 항상 이렇게 했잖아", "그것 봐, 엄마가 그렇게 하지 말라고 했잖아. 집에서도 그러더니 여기서도 그러네" 등 훈계조의 말을 습관처럼 합니다. 계속 지적만 받는 아이는 자신에 대한 호감을 가질 수 없습니다. 놀이는 그냥 놀이일 뿐입니다. 아이와 있는 모든 시간을 교육과 훈계의 시간으로 만들어버리면 아이는 자존감을 잃어버립니다.

② 놀이에서 나타나는 아이의 마음 읽어주기　자신의 마음을 잘 이해해주고 수용해주는 엄마 옆에서 자란 아이들은 자신이 어떤 상황에 있든 그대로 받아들이고 수용합니다. 엄마나 아빠 또는 중요한 사람이 예뻐하고 좋아해주면 아이는 '아, 난 참 괜찮은 애구나' 하고 스스로에 대해 호감을 갖습니다.

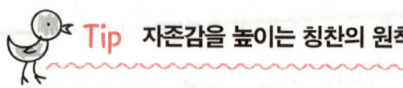

Tip 자존감을 높이는 칭찬의 원칙

1	구체적인 칭찬을 하라	아이의 구체적인 행동에 초점을 맞춰서 애쓴 부분을 격려한다.
2	타고난 자질보다는 노력에 초점을 맞춰라	"이야, 그러니까 넌 내 아들이지" 또는 " 넌 원래 잘하잖아" 같은 칭찬은 오히려 부모의 기대에 맞춰야 할 것 같은 부담을 줄 수 있다.
3	칭찬을 남발하지 마라	아무 때나 받는 칭찬은 아무 효과가 없다.
4	아이의 마음에 초점을 맞춰라	"힘들지만 끝까지 하려고 애썼네"처럼 아이의 마음에 초점을 맞춰 격려해준다.
5	비교하면서 칭찬하지 마라	비교는 그 어떤 것도 좋지 않다.

"고집이 세거나 주눅 들어 있어요."

{ 남들보다 나아야 성에 차는 아이,
의기소침한 아이, 자기표현이 부족한 아이 }

일곱 살 남자아이인데요, 무조건 1등을 하려고 해요. 심지어는 엘리베이터 버튼도 자신이 먼저 누르지 않으면 울고불고 난리가 나요. "1등이 아니어도 괜찮다"고 말해줘도 별 효과가 없어요. 뿐만 아니라 좋아 보이는 게 있으면 어떻게든 빼앗아요.

어릴 때부터 뭐든 잘해서 칭찬을 많이 받은 아이일수록 1등을 하지 못하면 못 견디고 무슨 수를 써서라도 1등을 하려고 애쓰는 경향이 있습니다. 대부분의 부모는 아이들이 좀 더 기운내서 잘할 수 있도록 하려고 칭찬을 많이 하는데, 칭찬이 지나치면 아이들은 자신이 잘해야만 사랑받을 수 있다고 오해할 수 있습니다. 그러므로 지금부터라도 결과를 칭찬하기보다 과정에 대한 격려를 많이 늘려보기 바랍니다. "와, 잘했네. 역시!"라고 말하기보다 "○○을 하려고 그렇게 생각하더니 이렇게 바꿨구나"처럼 아이가 뭔가를 해내는 과정에 초점을 맞춰

이야기해주세요.

이렇게 아이가 해낸 결과보다 노력하는 과정에 초점을 맞추면 아이들은 '아, 나는 뭔가를 열심히 하는 아이구나' 하는 자아상을 갖게 됩니다. 그러면 실패해도 견딜 수 있는 마음의 힘이 생깁니다. '난 노력하는 아이니까 실패해도 다시 노력하면 되지'라고 생각하기 때문입니다.

자녀를 '실패를 견디고, 마음대로 잘 안 되는 모호한 상황을 견뎌내는 심리적 힘이 있는 아이'로 키우고 싶다면 결과에 대한 칭찬은 40퍼센트, 과정에 대한 격려는 60퍼센트로 조정해보기 바랍니다.

 여덟 살 아들이 내성적이고, 무기력합니다. 친구도 딱 한 명하고만 놀고 항상 자신을 뭘 못한다고 하고 표정도 의기소침합니다.

내성적인 것과 무기력한 것에는 큰 차이가 있습니다. 내성적인 것은 개인의 성향이지만 무기력은 아이가 심리적으로 건강하지 않다는 의미입니다. 둘 중 어디에 해당하는지 잘 살펴보기 바랍니다. 내성적인 아이는 에너지를 밖으로 많이 발산하기보다는 내면에 에너지를 쌓아두기 때문에 조용하고 차분한 편입니다. 물론 새로운 것을 선뜻 하지는 않지만 하려는 동기는 갖고 있습니다. 처음에 익숙하지 않을 때는 좀 거부하는 듯하지만 익숙해지면 그다음에는 잘해냅니다. 그러나 무기력한 아이는 내적 동기가 소진돼서 아무것도 하지 않으려 하고 생기가 부족합니다. 그래서 학교생활에 적응하기도 어렵고 일상생활에서도 스트레스에 쉽게 압도되는 경향이 있습니다.

만일 내성적인 아이라면 억지로 외향적으로 변화시키려 강요할 필요는 없습니다. 아이들마다 각기 타고난 성향이 있으므로 이를 존중해줘야 합니다. 다른 것이지 틀린 게 아니기 때문입니다. 하지만 만약 내적 에너지가 고갈된 상태라면 전문적인 도움을 받을 것을 권합니다.

저는 이혼을 하고 혼자서 다섯 살, 세 살 아이를 키우고 있습니다. 큰아이는 많이 엄하게 키웠어요. 그래서인지 자기표현을 잘 못하고 뭐든지 저에게 물어보네요. 아무래도 혼자 육아를 하다 보니 힘들어서 일관성 없이 아이를 대하는 것 같아요. 어떻게 자존감과 사회성을 더 키워줄 수 있을까요? 남의 눈치를 보지 않고 자기표현도 잘하는 아이로 키울 수 있는 방법이 있을까요?

혼자서 아이를 키우기란 쉽지 않지요. 아마 아빠의 빈자리를 채워야 한다는 압박감 때문에 좀 더 엄하게 대하게 되는 듯합니다. 아이가 자기표현을 잘 못하고 의존적이라서 자존감과 사회성에 문제가 생길까 봐 걱정되는군요. 그럼 아이가 그렇게 행동하는 이유부터 생각해볼까요?

① 기질이 예민하고 까다로운 경우

아이가 예민하고 까다로우면 작은 자극에도 놀라고 작은 변화에도 당황합니다. 이런 경우라면 다른 엄마에 비해 그다지 엄하게 훈육하지 않았어도 아이가 계속 엄마 눈치를 보게 됩니다. 또한 자신이 생각한 대로 뭔가가 되지 않으면 다른 아이에 비해 더 큰 좌절감을 느낍니다. 그러다 보니 계속 엄마 눈치를 살피고 엄마에게 해달라고 하는 게 많아질 수 있습니다.

② 엄마가 아주 엄격하거나 너무 허용적인 경우

엄격함과 허용은 양극단에 있는 양육태도처럼 보이지만 사실 그 뿌리는 같습니다. 두 양육태도의 공통점은 '엄마 마음대로'라는 겁니다. 즉, 두 가지는 아이의 자율성을 존중하지 않는다는 한 뿌리에서 나온 다른 가지입니다. 엄격한 통제도, 아이가 말하기도 전에 다 알아서 해주고 들어주는 것도 아이의 건강한 자율성을 존중하는 양육태도가 아닙니다.

엄마가 너무 엄격하면 아이는 자기 욕구를 스스로 조절할 여유를 갖지 못하고 오직 '엄마'를 판단의 기준으로 삼습니다. 즉, '이 행동을 했을 때 엄마가 화를 낼까, 내지 않을까'로 자신의 행동을 조절합니다. 엄마가 너무 허용적인 경우에도 마찬가지입니다. '내가 어떻게 해야 하지'를 고민하기보다 '어디까지 해야 엄마가 안 된다고 할까'를 고민합니다. 스스로 상황을 판단해서 되는 것과 안 되는 것을 구분하며 내면의 조절 능력을 키워나가야 하는데, 이 능력을 키우지 않고 눈치만 보게 되는 것입니다.

③ 엄마가 너무 지쳐 있거나 우울한 경우

엄마가 심리적·신체적으로 너무 지쳐 있으면 아이와 상호작용을 하기도 어렵고, 계속 짜증이나 화로 자신의 지친 상태를 표현하기 쉽습니다. 이런 상황이 반복되면 어린아이들은 엄마의 불안정한 모습 때문에 불안을 느껴 더 눈치를 보고 엄마에게 매달리게 됩니다.

자, 어디에 해당하는지요? 아마도 각 상황이 어느 정도 혼합돼 있지 않을까 싶습니다. 이럴 때는 다음과 같은 방법을 꼭 활용해보세요.

첫째, 내 아이의 기질과 특성을 먼저 잘 고려하세요. 아이가 신중하고 꼼꼼한 편인지, 활동적이고 에너지가 많은지 살펴보십시오. 아이의 특징에 따라 양육태도도 달라질 수밖에 없습니다. 꼼꼼하고 신중한 아이에게는 시간을 많이 주고, 스스로 할 수 있도록 기다려줘야 합니다. 활동적인 아이에게는 구체적으로 지시하고 격려하면서 목표에 초점을 맞춰 성취해나갈 수 있도록 도와야 합니다. 특성을 고려하지 않으면 아이를 이해하기 어려워서 계속 혼내거나 짜증이 날 수 있습니다.

둘째, 아이의 행동에 담겨 있는 마음을 잘 읽어주세요. 평소에 아이의 행동에 담긴 마음을 말로 대신 표현해주세요. 시간이 지나면 아이 역시 자신의 마음을 말로 표현할 수 있게 됩니다.

셋째, 엄마 스스로가 즐거운 일을 한 가지라도 찾아보세요. 많은 엄마들이 "하루 종일 아이 보기 정말 지쳐요", "주변에 도와줄 사람이 아무도 없어요"라고 많이 말합니다. 하지만 하늘이 꺼져도 솟아날 구멍이 있다고 항상 해결 방법은 존재합니다. 단, 목표를 아주 소박하고 낮게 세워보세요. 지금 당장 할 수 있는 일을 찾아보세요. '하루의 자유시간'이라는 목표는 아이를 키우면서는 이루기 어렵겠지요. 쉽게 실천할 수 있는 목표를 세워 이뤄보세요. 작은 목표를 세우고 꾸준히 성취해가다 보면 엄마의 자존감도 높아집니다. 엄마의 긍정적 태도는 아이에게 긍정적 영향을 줍니다. 많은 연구결과에 따르면 부모의 자존감이 높으면 자녀의 자존감도 높다고 합니다.

넷째, 주변의 인적 자원을 최대한 활용하세요. 남편이 없다고 혼자서 다 감당하려고 하지 말고 주변의 다른 인적 자원을 찾아보기 바랍니다. 친인척, 친구, 복지관 등을 적극적으로 활용해서 엄마의 양육부담을 조금이라도 줄여야 합니다.

행동을 조절하는 내적 기준, 도덕성

하버드대학교에서 20년 연속 최고의 명강의로 소개된 마이클 샌델(Michael Sandel) 교수의 강의 〈정의란 무엇인가〉가 TV에 방영되면서 선풍적인 인기를 끈 적이 있습니다. 곧이어 강의 제목과 동일한 책이 《왜 도덕인가?》와 함께 발간되어 한동안 서점가를 휩쓸었습니다. 이러한 열풍은 성장과 발전만을 목표 삼아 앞으로만 달리던 이 사회가 어느 정도 숨고르기를 시작했다는 증거입니다. 앞으로 어떻게 살아야 하고, 어떻게 공동의 이익을 배분하고, 모두가 행복한 사회가 되려면 어떻게 해야 하는지 고민하기 시작했다는 긍정적인 신호탄입니다.

그렇다면 도덕성이란 무엇일까요? 도덕성이란 사람들이 함께 어울려 살아갈 수 있도록 각자 책임감을 갖고 행동하고 규칙을 지키도록 하는 마음의 힘입니다. 도덕성이 발달한 사람은 다른 사람에게 칭찬받거나 어떤 보상을 받기 위해서 억지로 규칙을 지키는 것이 아니라,

마음속에 형성된 내적 기준이나 원칙에 따라 자신의 행동을 조절하고 통제합니다. 또한 자신의 이익보다는 자신이 속한 집단의 이익을 먼저 고려해 행동합니다. 이 정도의 행동을 하려면 최소한 청소년기 정도는

 Tip 도덕성의 7가지 덕목

1	공감	• 다른 사람의 문제를 자신의 입장에서 생각하는 감정이입 능력 • 남의 어려운 상황을 그냥 넘기지 않고 양심적으로 행동한다. • 이해심과 배려심이 많고, 자신의 분노를 잘 조절한다.
2	분별	• 옳고 그름을 판단하고 올바른 길로 이끌어주는 강력한 내면의 목소리 • 양심이고 윤리적인 행동을 하기 위한 기초
3	자제	• 옳다고 판단하는 일을 할 수 있도록 행동을 조절하고, 이를 선택하는 결단력 • 충동적인 생각을 실행에 옮기지 않도록 돕는 힘
4	존중	• 사람이나 물건의 가치를 소중하게 여긴다. • 자신이 대접받고 싶은 대로 남을 대접한다.
5	친절	• 다른 사람의 행복과 기분에 관심을 보인다. • 마음속에 도덕성을 가리키는 나침반이 있다.
6	관용	• 다른 사람의 견해나 신념에 동의하지 않더라도 그것을 존중할 수 있는 능력 • 다른 사람의 존엄과 권리를 존중한다.
7	공정	• 편견 없이 올바르고 당당하게 행동한다. • 규칙을 잘 지키고, 양보하고, 모든 사람의 의견을 편견 없이 경청한다.

돼야 하지만 유아기 때부터 꾸준히 가르쳐야 도덕성이 제대로 자리를 잡을 수 있습니다.

도덕성은 제대로 된 삶을 살게 해주는 능력으로서 사회성과 절대 분리될 수 없는 기본 가치입니다. 따라서 아이에게 건강하고 올바른 사회성을 키워주려면 먼저 도덕성에 초점을 맞춰야 합니다.

도덕성 없이는 사회성도 없다

어느 시대든 도덕성은 중요하게 강조돼왔습니다. 사람들에게 사랑과 존경을 받던 위인들도 도덕성에 흠집이 나면 곧바로 비난의 대상이 되곤 합니다. 정치인에게 도덕성 문제가 제기되면 대부분 정치생명이 끝나버리기도 합니다. 이렇게 도덕성은 한 개인의 성공과 실패를 좌우할 만큼 중요한 덕목입니다.

도덕성(moral)이라는 용어는 예의범절, 관습, 태도를 뜻하는 라틴어 '모랄리스(moralis)'에 그 어원을 두고 있습니다. 도덕성이란 나 자신과 다른 사람과의 관계 속에서 나타날 수 있는 감정, 판단, 태도, 행동을 그 사회에서 바람직하고 가치 있다고 인정한 규범과 규칙에 맞추는 것입니다. 도덕성은 사회성과 그 맥락을 같이한다고 볼 수 있습니다.

도덕성은 나이에 따라 발달한다

태어나면서부터 옳고 그름을 파악할 수 있고, 사회에서 요구하는 기준에 맞춰 생각하고 행동할 수 있을까요? 당연히 그렇지 않습니다. 도덕성은 규칙, 규범, 가치관, 태도 등을 이해해야 발달하므로 아이들의 인지 발달에 따라 성장합니다. 미국의 심리학자 로렌스 콜버그(Lawrence Kohlberg)는 도덕성 발달단계를 총 6단계로 나누고 이를 나이에 따라 정리했습니다.

2세~5세 : 1~2단계

이 시기의 아이들은 주로 보상을 받으면 옳은 것, 벌을 받으면 나쁜 것이라고 생각하는 1단계와 자신의 욕구를 충족시켜주면 옳은 것, 그렇지 않은 것은 나쁜 것이라고 생각하는 2단계에 머물러 있습니다.

4세~7세 : 2~3단계

이 시기의 아이들은 욕구충족 수단으로 도덕성을 발달시키는 2단계와 다른 사람의 인정을 받고 비난을 피하기 위해 도덕적인 행동을 하는 3단계에 머물러 있습니다. 이때는 부모, 선생님, 또래 아이들의 반응이 중요한 기준점이 됩니다.

초등학생 : 3~4단계

이 시기의 아이들은 대인관계에서 조화를 이루기 위해 도덕성을 발달시키는 3단계와 법과 사회적 질서에 어긋나지 않는 것이 옳은 것, 그렇지 않은 것이 나쁜 것이라고 판단하는 4단계에 머무릅니다. 물론 개인적 차이가 있을 수 있고 이는 성인이 돼서도 마찬가지입니다. 대부분의 사람들은 법과 질서를 기준으로 하는 4단계까지 발달한다고 합니다.

성인 : 5~6단계

다른 사람의 권리를 존중하고 상대성을 인정하는 5단계, 법과 질서를 지킬 뿐 아니라 스스로 선택한 양심의 결정을 도덕적 판단의 기준으로 삼는 6단계로 발달하지만 어른이 됐다고 해서 누구나 다 도달할 수 있는 단계는 아닙니다.

콜버그의 6단계와 더불어 피아제의 3단계 도덕 발달과정도 참고할 만합니다.

전도덕기

대부분의 유아가 여기에 속하는데, 유아는 사회적 상황에서 규칙을 알아차리지 못합니다. 그러나 만 4~5세가 되면 자기보다 나이가 많은 아이들의 행동을 보면서 규칙의 존재를 점차 알아차립니다. 이 시기의 아이들은 자기중심적이기 때문에 자기가 원하는 것에 도움이 되는 행동은 '좋은' 행동, 자신의 시도에 방해가 되면 '나쁜' 행동으로 판단합니다. 또한 엄마가 자신의 뜻을 받아주지 않으면 "엄마, 미워", "엄마 나빠", "엄마 바보" 등과 같은 말을 서슴지 않고 합니다.

타율적 도덕성 단계

만 5~10세가 여기에 속하는데, 이 시기의 아이는 규칙에 무조건 복종합니다. 규칙은 신, 경찰, 부모님과 같은 강력한 권위를 가진 사람들이 정해놓은 것이므로 신성하고 불변한다고 생각합니다. 즉, 도덕은 절대적이고 규칙은 변경할 수 없다고 생각합니다. 또한 사회적 규칙을 위반하면 반드시 처벌을 받아야 한다고 생각합니다.

자율적 도덕성 단계

만 10~11세가 되면 사회적 규칙이 사람들의 합의에 따라 변경될 수 있다는 것을 알게 됩니다. 또한 상황과 필요에 따라 규칙을 어길 때도 있다는 사실을 깨닫습니다. 도덕적인 판단을 할 때도 행동하는 사람의 의도, 관점, 느낌을 고려합니다.

이렇게 아이들의 도덕성은 인지 발달에 맞춰 발달하고 이를 기반으로 진정한 사회성도 빛을 발합니다. 아동기 및 청소년기에 들어서면 영유아기 때의 자기중심적인 사고에서 점점 벗어나고 이와 더불어 다른 사람의 의도, 감정을 파악할 수 있는 조망수용 능력이 발달합니다. 이를 통해 도덕성도 더 높은 수준으로 발달합니다. 아이에게 도덕성을 가르치려면 먼저 아이의 발달단계를 고려해야 합니다. 특히 아이를 대상으로 도덕성 교육을 할 때는 성인과는 다른 방법으로 접근해야 합니다. 성인 수준으로 너무 많은 규칙을 요구하기보다 직접 시범을 보여주며 하나하나 이해시키는 것이 좋습니다.

도덕적 잣대보다 이유가 중요하다

　엄마 아빠가 모두 전문직에 종사하는 여섯 살 승찬이는 친구들에게 관심이 많지만 잘 어울리지는 못했습니다. 그러다가 언제부터인가 친구가 생기는 듯하더니 엄마가 사주지 않은 물건이 하나둘 눈에 띄기 시작했습니다. "이거 어디서 난 거니?"라고 물으면 "응, 친구가 줬어", "내 카드랑 바꿨어"라고 말해서 엄마는 그대로 믿었습니다. 그런데 어느 날 엄마는 지갑에서 3만 원 정도가 없어진 것을 발견했습니다. 집에서 지갑에 손을 댈 사람은 승찬이밖에 없었습니다.

　하지만 엄마는 확신이 서지 않아 망설이다가 아빠와 함께 한 시간이 넘도록 아이를 추궁했고 결국 아이는 엄마 지갑에서 돈을 꺼내간 사실을 실토했습니다. 승찬이는 그동안 엄마 지갑에서 계속 돈을 조금씩 꺼내서 친구들에게 맛있는 것도 사주고 카드도 샀다고 했습니다. 그래도 발각되지 않자 더욱 과감해져서 엄마 지갑에서 큰돈을 꺼냈고 그 바람에 덜미가 잡힌 것입니다. 그동안 집에서 발견됐던 새로운 물건들은 승찬이가 친구들에게 나눠주고 남은 것이었습니다. 엄마는 며칠을 고민하다가 승찬이와 상담센터에 왔습니다.

　승찬이의 행동은 분명 도덕적으로 문제가 있습니다. 그러나 과연 승찬이의 행동을 도덕성 문제로만 봐야 할까요? 아이의 문제행동에 접근할 때는 도덕적 잣대를 들이대며 그에 위반되는 행동을 했는지를 밝혀내기보다는 아이가 왜 그런 행동을 했는지 이해하는 것이 더 중요합니다. 승찬이는 엄마의 부족한 사랑을 물건으로 바꾼 것이고, 자신에게 관심을 보이지 않는 친구들의 마음을 물건으로 얻은 것입니다.

아이가 처음 이런 행동을 했을 때 바로 상담센터를 방문해 상담을 받으면 도벽은 거짓말처럼 사라집니다. 상담을 받는 과정에서 아이가 부모에게 집중적인 관심을 받기 때문입니다. 그러나 너무 오랫동안 방치해서 도벽이 고질적인 행동으로 굳어졌다면 상담을 해도 쉽게 해결되지 않습니다. 도벽이라는 문제가 정서의 문제에서 도덕적 문제로 넘어가버렸기 때문입니다.

아이에게서 도덕성 문제가 발견되면 엄격하게 시시비비를 가리며 형편없는 아이 취급을 하지 말고 아이가 왜 그런 행동을 했는지 알아봐야 합니다. 먼저 따뜻한 마음으로 안아주고 그다음에 문제행동을 지도하면 도덕성과 관련된 아이의 문제는 쉽게 해결될 수 있습니다.

아이는 행동을 보고 배운다

대부분의 부모는 자녀를 앉혀놓고 "사람들에게 거짓말하면 안 된다", "싸우면 안 된다", "욕하지 말고 좋은 말로 네 마음을 표현해라" 등 도덕 교육을 끊임없이 시킵니다. 동화책을 보면서 "봐, 얘가 이렇게 자기 욕심만 부리니까 친구가 없어져버렸네", "양치기 소년처럼 자꾸 거짓말을 하면 정말 도움이 필요할 때 아무도 도와주지 않아" 등과 같은 말을 해주는 데 열중하기도 합니다. 그러나 정작 엄마는 아빠와 욕하고 싸우고, 엄마를 찾는 전화가 오면 아이에게 없다고 하라고 거짓말을 시키기도 합니다. 도덕성 교육은 그 어떤 교육보다 부모의 본보기가 중요합니다.

현란한 말솜씨와 뛰어난 학습교재로 도덕성 교육을 시킨다 해도 엄마 아빠의 행동이 비도덕적이면 아무 소용이 없습니다. 도덕성은 말로 가르치기 전에 행동으로 보여줘야 합니다.

도덕성 발달을 위하여

아리스토텔레스는 "품성의 차이는 어떤 습관을 갖느냐에서 비롯된다"고 했습니다. 유아기 및 아동기 때에는 아직 도덕성과 관련된 복잡한 추론을 할 수 있는 능력이 뒷받침되지는 않지만 적어도 도덕적 습관은 기를 수 있고, 이를 기반으로 품성이 만들어집니다. 그러므로 부모는 도덕성이 습관이 될 수 있도록 아이를 꾸준히 교육해야 합니다.

기본적인 양심을 가르쳐라

초등학교 5학년이 된 현욱이는 친구들과 잘 놀고 싶지만 너무 직선적으로 이야기하고, 자신을 짜증나게 하는 아이에게는 함부로 대해서 친구들과 선생님에게 인기 없고 개념 없는 아이로 취급받고 있었습니다. 하루는 상담 중에 친구와 잘 사귀는 방법에 대해 이야기했는데 현욱이가 "그냥 무조건 배려하면 돼요"라고 말해서 현욱이가 생각하는 배려가 무엇인지 물었습니다. 그러자 "그냥 그 아이가 기분 나쁘지 말라고 참는 거예요"라고 답했습니다. 사실 이런 답은 좋은 답이 아닙니다. 그렇다면 진정한 의미의 배려는 어떤 것일까요?

'기독교 윤리의 에베레스트'라고 불리는 규범이 있습니다. 바로 황금률입니다. "무엇이든지 남에게 대접받고자 하는 대로 너희도 남을 대접하라." 이 말은 '다른 사람이 너희에게 하지 않았으면 하는 행동을 너희도 다른 이에게 행하지 말라'는 의미로 해석될 수 있습니다. 이것이 바로 배려입니다. 다른 사람이 화를 낼까 봐 참는 것이 아니라 내가 소중한 만큼 다른 사람도 소중하므로 내가 싫어하는 것을 그 사람에게도 하지 않는다는 것입니다. 이런 기본적인 양심만 지킬 수 있어도 사회성 발달은 충분히 보장됩니다.

분명하고 합리적인 기준을 제시하라

제페토 할아버지가 나무를 깎아 만든 나무 인형 피노키오는 사람처럼 움직이고 말할 수 있었습니다. 말썽꾸러기 피노키오는 나쁜 친구들의 꼬임에 빠져 먼 길을 떠나는데, 이때 수없이 많은 어려움과 난관을 만납니다. 귀뚜라미 지미니는 피노키오 옆에서 끊임없이 올바른 길을 이야기합니다. 지미니가 바로 양심과 도덕성을 상징하는 캐릭터입니다. 지미니가 피노키오에게 옳은 것과 옳지 않은 것을 구분해 이야기했던 것처럼 엄마는 아이에게 분명한 기준을 알려줘야 합니다.

아이가 문제행동을 보였을 때 대부분의 엄마는 무조건 화부터 내거나 큰소리로 윽박지르는 태도를 보입니다. 하지만 도덕적 판단을 하기에 아직 어린 아이에게는 부드럽고 수용적인 태도로 분명하고 합리적인 기준을 제시하는 것이 좋습니다. 그리고 아이가 그 기준에 맞는 바람직한 행동을 했을 때 꾸준히 격려해주면 만 네댓 살쯤에는 다른 사람의 기대에 맞춰 행동할 수 있게 되고 양심을 발달시킵니다.

아이가 유치원과 학교에 가면 그동안 부모의 교육을 통해 배운 양심과 도덕성을 기반으로 스스로 판단하고 결정할 수 있는 기회를 줘야 합니다. 과잉보호를 하거나 일방적으로 지시하면 아이는 스스로 판단을 내리는 연습을 하지 못해 의존적이 되거나 자신만 아는 이기적인 모습을 보입니다. 만일 아이가 갈등 상황에서 도덕적 판단을 해야 한다면 다음과 같은 방법으로 도울 수 있습니다.

- 아이가 스스로 결정할 수 있다는 것을 알게 한다.
- 갈등 상황에서 아이가 최대한 다양한 전략을 만들어내도록 격려한다.
- 다른 사람의 감정에 대해 알 수 있도록 한다.
- 자신의 행동이 다른 사람에게 어떤 영향을 주는지 알려준다.
- 적절한 해결 방법을 선택하도록 도와준다.

좋은 행동과 나쁜 행동에 대해 설명하라

아무 문제 없이 잘하고 있는 아이에게 "○○는 하지 말라"고 계속 이야기하면 잔소리가 됩니다. 이런 상황에서 아이들은 한 귀로 듣고 한 귀로 흘립니다. 혼을 내려면 잘못된 행동을 하는 순간에 야단을 쳐야 효과적입니다. 하지만 이때 무조건 야단치고 처벌하기보다 왜 그런 행동을 하면 안 되는지에 대해 구체적으로 설명해주는 것이 바람직합니다.

아이의 행동이 다른 사람에게 어떤 영향을 미치는지 설명해주면 아이는 보다 책임감 있게 행동합니다. 부모가 아무 설명 없이 무조건 야단만 치면 아이들은 양심을 발달시키기보다는 '엄마한테 혼날까 봐' 행동을 억제합니다. 이렇게 되면 아이들은 억눌린 감정을 발산할 기회를 찾게 됩니다. 엄마의 처벌이 약해지거나 엄마의 기분이 좀 나아지면 어김없이 그 기회를 틈타 그동안 눌러놓았던 욕구를 마음껏 발산합니다. 그러면 엄마는 이전보다 더 엄격하게 통제하고 혼을 내고…… 그야말로 악순환입니다. 이처럼 무조건 억압하고 혼내는 방식으로 아이의 행동을 다루면 건강한 도덕성이 자리 잡기 어려워지고 사회성 발달까지 방해를 받습니다.

도덕성을 배우고 발달시켜나가야 하는 유아기 및 아동기에는 하면 안 되는 행동에 대한 이유를 구체적으로 알려줘야 합니다. 그리고 아이의 행동이 자신과 다른 사람에게 어떤 영향을 미치는지에 대해서도 설명해줘야 합니다. 이런 과정을 통해 아이가 사회적 상황에서 도덕적인 판단을 하도록 도울 수 있습니다.

거짓말은 나이에 따라 다르게 다뤄라

유아기와 아동기 때 도덕성과 관련해 부모가 제일 고민하는 문제가 바로 도벽과 거짓말입니다. 아이들은 정말 여러 가지 이유로 거짓말을 하는데, 이를 잘 지도하려면 먼저 아이의 나이부터 고려해야 합니다.

① 만 4~5세 이 시기 아이에게 엄마가 "누가 이거 쏟았어?"라고 물

을 때 "공룡이 와서 그랬어" 또는 "아빠가 그랬어" 등과 같은 대답을 한다면 이는 거짓말로 보기 어렵습니다. 왜냐하면 이 시기의 아이는 아직 환상과 현실을 제대로 구분할 수 있는 능력이 부족하기 때문입니다.

② 만 5~7세 이때는 '혼이 나는 사람은 나쁜 사람이다. 그런데 착한 사람은 절대 나쁜 행동을 하지 않는다'라고 생각합니다. 그러므로 이 시기의 아이들은 자신이 나쁜 사람이 아니라는 것을 증명하기 위해 거짓말을 합니다. 만 일곱 살까지는 남을 속이려는 음흉한 속셈 때문이 아니라 아직 여러 가지로 미숙한 자신을 괜찮은 사람으로 보이고 싶은 마음에 거짓말을 합니다.

부모가 무턱대고 혼을 내면 아이들은 자신이 나쁜 아이라는 확신을 갖게 되어 위축되거나 이를 부정하기 위해 또 다른 거짓말을 합니다. 엄격하고 시시비비를 가리는 것을 매우 중요하게 생각하는 부모의 아이는 점점 자존감을 잃어가면서 거짓말뿐 아니라 다른 부정적인 문제를 일으킬 수 있습니다. 이 시기의 아이가 거짓말을 할 때 부모는 무조건 도덕성 문제로 보고 처음부터 뿌리를 뽑아야 한다고 생각하지만 그보다는 먼저 거짓말하는 마음을 공감해줘야 합니다. 그다음에 시시비비를 가리고 올바른 훈육을 해도 늦지 않습니다. 예를 들면 "혼날까 봐 무서웠어? 너는 아직 어려서 우유를 쏟을 수도 있어" 하면서 아이의 마음을 다독여주고 그다음에 "그런데 다음부터는 '내가 쏟았어요'라고 말해도 괜찮아" 하면서 적절히 지도해주면 됩니다.

③ 아동기   자녀가 학교에 입학하는 시기가 되면 거짓말에 대처하는 방법이 달라져야 합니다. 이 시기의 아이들에게는 거짓말이 갖고 있는 부정적이고 파괴적인 힘을 이해할 수 있는 능력이 생깁니다. 그래서 이 시기의 아이들이 하는 거짓말은 도덕성과 연관된 진짜 거짓말이라고 봐야 합니다.

아이들은 부모에게 혼나는 것을 피하려고, 잘못한 일에 대한 책임을 지지 않으려고, 자존심을 지키려고, 창피함을 피하려고, 다른 사람의 마음을 상하지 않게 하려고 거짓말을 합니다. 이렇게 거짓말을 하는 아이들의 가정을 보면, 부모가 아이의 생활을 관리하지 못하고 방치하는 경우가 많습니다. 아이를 믿지 못해 늘 추궁하거나, 가족 간에 싸움이 자주 일어나거나, 부모가 거짓말을 하는 경우도 많습니다. 자녀의 능력은 고려하지 않고 부모가 기대를 너무 많이 해도 아이가 거짓말을 할 수 있습니다. 거짓말을 해서라도 부모의 기대에 부응하기 위해서입니다. 예를 들어 시험 성적을 고쳐서 도장을 받는 경우가 여기에 해당됩니다. 또래 아이들에게 인기도 얻고 싶고 칭찬도 받고 싶은데, 자신이 충동적이거나 산만하거나 사회성이 떨어질 때도 이를 만회해 보려고 거짓말을 합니다.

그렇다면 자녀의 거짓말 앞에서 부모는 어떻게 처신해야 할까요? **부모는 시시비비를 반드시 가려야 하는 판사가 아닙니다. 부모의 강력한 무기는 따뜻함이어야 합니다.** 화부터 내면 아이의 입은 더욱 굳게 닫힙니다. 그보다는 먼저 왜 내 아이가 거짓말을 할 수밖에 없었는지 들여다봐야 합니다. 그런 다음 "네가 엄마한테 혼날까 봐 그랬구나", "이유가 있었을 것 같은데 엄마에게 말해줄래?", "친구들에게 인기를 얻고 싶었니?"라고 말하며 대화의 물꼬를 터야 합니다. 이런 방식으로 대화가 시작되면 "그런데 결국 거짓말이라는 게 다 알려져서 너만 손해를 봤네. 어떻게 하면 네가 손해를 안 볼 수 있을까?" 하고 물어봅니다.

이때 엄마가 제시한 해결책보다는 아이의 해결책이 더 효과적입니다. 체벌은 마음의 문을 닫아걸게 만듭니다. 한번 시작한 매는 더 큰 매를 부릅니다. 따라서 가급적 삼가는 것이 좋습니다. 평소에 아이의 자기주장에 귀를 기울여주고 명확한 증거가 없다면 아이의 말을 믿어줘야 합니다. 부모의 행동은 아이에게 교과서입니다. 부모는 거짓말을 하면서 아이들에게 거짓말하지 말라고 가르치는 것은 공염불에 지나지 않습니다.

아이의 도덕성은 앞으로의 삶을 결정짓는 중요한 능력입니다. 부모가 아이에게 도덕적 가치를 얼마나 정확하게 전달하느냐에 따라 아이의 도덕적 기준도 달라집니다.

"자꾸 못되고 미운 짓을 해요."

{ 거짓말쟁이, 손버릇이 나쁜 아이, 고자질쟁이 }

30개월 된 딸아이가 자꾸 거짓말을 해요. 친구들에게 "우리 집 어항에는 괴물이 살아"라고 말했는데 친구들이 집에 놀러 와서 "없잖아. 너 왜 거짓말해?"라고 다그치면 울면서 화를 냅니다. 저에게도 어린이집에서 이러저러한 일이 있었다고 해서 확인해보면 그런 일이 없었다고 하네요. 어떻게 해야 할까요?

우선은 아이의 연령을 생각해봐야 합니다. 한 살 때는 말보다 울음이나 행동으로 자신의 마음을 표현하는 게 지극히 정상적이지만 열 살 된 아이가 그러면 문제겠지요? 그러므로 아이의 어떤 행동이 이해되지 않는다면, 그 행동이 아이의 연령에서 적절한지 아닌지를 가장 먼저 고려해야 합니다. 그렇다면 30개월 된 아이가 "우리 집 어항에는 괴물이 살아"라고 말하는 건 정상 행동일까요? 도덕성이 결여된 문제 행동일까요?

아마 이미 이 시기 아이들을 키워본 엄마들은 "우리 애도 그때 딱 그렇게 행동했어요" 할 겁니다. 이런 거짓말 같은 상상적 이야기는 유아기 초기에 종종 나타나는 행동입니다. 비밀은 아이의 연령에 따른 인지 발달 특징에 있습니다. 아이의 사고 능력은 어른의 사고 능력과 질적으로 차이가 있습니다. 어른들은 논리적으로 사고하고 판단하지만, 아이들은 그러지 못합니다. 여러 단계의 인지 발달과정을 밟아야 그에 이를 수 있습니다.

특히 30개월즈음에는 현실과 상상을 잘 구분하지 못하고, 물건에도 생명이 있다고 믿고, 자기중심적으로 생각하는 등의 인지적 특징을 보입니다. 그래서 어항에 괴물이 살고 있다는 등의 말을 하는 것입니다. 즉, 이는 거짓말이 아니라 그 시기 아이들이 일반적으로 보이는 특징으로 이해해야 합니다.

이때 "왜 자꾸 거짓말을 해? 그러면 친구들이 앞으로 네 말을 안 믿을 거야"라는 식으로 꾸중해도 별 효과가 없겠지요? 대신 "어디 보자, 괴물이 어디 있나? 잠자러 가서 없나?"처럼 간단한 놀이로 접근해주세요. 이런 행동은 아이가 크면서 점점 자연스럽게 사라지니 걱정하지 않아도 됩니다. 아이의 상상을 즐거운 놀이로 대응해주면 이를 통해 아이의 상상력, 자기표현 능력이 더욱 발달하고 엄마와 좋은 관계를 맺어갈 수 있습니다.

일곱 살인데, 도벽이 있는 것 같아요. 집에 장난감이 많은데도 유치원이나 친구 집에서 장난감을 몰래 가져와요. 집에서도 제 지갑에서 돈을 몰래 꺼내서 숨겨놓기도 합니다. 어제는 마트에서 뭘 집어왔더라고요. 이런 행동이 점점 빈번해지는데 어떻게 해야 할까요?

아마 만 여섯 살 정도의 아이인 듯합니다. 이 시기 아이들의 행동을 도벽이라고 단정 짓기에는 무리가 있습니다. 그보다는 왜 이런 행동을 하는지 잘 살펴봐야 합니다.

① 아이에게 긍정적인 관심을 많이 보여주지 못했나

사실 아이가 엄마 지갑에서 돈을 훔치는 건 돈이 아닌 애정을 훔치는 것으로 보기도 합니다. 자신에게 보여주는 긍정적인 관심이 부족하다고 느낄 때 이런 빈 마음을 물건이나 돈으로 채우려 할 수 있습니다.

② 제한이 많고 엄격하게 키웠나

사연에서 엄마 지갑에서 돈을 꺼내 숨겨놓는다는 대목이 마음에 걸립니다. 아직 아이에게는 돈 개념이 크게 형성돼 있지 않으므로 돈을 쓰기 위해서가 아니라 뭔가 자기 마음대로 하고 싶은 마음을 이런 식으로 표현하고 있는 것 아닐까 생각됩니다. 너무 많은 것을 금지하면 연령이 증가하면서 점점 몰래 하는 행동이 늘어날 수 있습니다.

③ 너무 허용적으로 키워 안 되는 걸 받아들이기 어려워하나

집에 장난감이 많다는 걸 보면 아이가 원하는 것을 많이 사준 것은 아닐까 하는 생각도 듭니다. 그 외에도 아이가 원하는 것을 거의 다 들어주는 양육태도를 가지고 있다면 아이에게 참고 견디는 힘이 부족할 수 있습니다. 이럴 때는 갖고 싶으면 남의 물건도 그냥 가져올 수 있습니다. 여기에 더해 아이가 조금 충동적인 성향을 갖고 있다면 더더욱 자신의 욕구를 참지 못하고 실행에 옮기게 됩니다.

혹시 위 세 가지 중 해당되는 사항이 있나요? 사실 남의 물건을 가져오거나 집에서 돈을 가지고 나가는 경우(물론, 사연의 아이에게서 이런 행동은 나타나지 않는 듯합니다) 발견 즉시 가까운 상담기관을 찾아 그 원인을 찾고 적극적으로 노력하면 이런 행동은 금세 사라집니다. 그러나 아이의 행동을 엄격하게 혼내거나 아이가 아직 어려서 그렇다고 생각하고 그냥 방치하면 쉽게 사라지지 않고 오랫동안 유지될 수 있습니다. 지금 마트에서까지 물건을 가지고 온다는 것 등 다소 염려되는 부분이 있으니, 가까운 상담센터를 방문해서 아이의 상태를 조금 더 구체적으로 평가받아보기를 권합니다. 이럴 때는 적극적인 도움이 아이의 문제행동 감소에 가장 효과적일 수 있습니다.

 제 아들이 유치원에서 자꾸 친구들의 잘못을 이릅니다. 그래서 친구들이 고자질쟁이라고 싫어한다고 해요.

첫째, 부모님의 양육태도를 점검해보세요. 평상시 아이에게 이것저것 많이 지적했거나 사소한 것으로 많이 혼냈다면 아이는 지적하고 지적받는 데 익숙해집니다. 또 자신은 지적받고 혼나는데 밖에서 다른 친구들은 똑같은 행동을 해도 혼나지 않는 걸 보면 이해할 수 없겠지요. 한편으로는 억울한 마음도 들 수 있습니다. 이럴 때 아이들은 주저 없이 친구의 잘못을 선생님에게 이릅니다.

만일 이 경우에 해당한다면 잘못을 지적하기보다는 서로 노력하고 격려하는 쪽으로 대화의 방향을 바꿔야 합니다. "화가 났지만 한 번은 참았네"처럼 아이가 애쓰려고 노력하고 있는 부분에 항상 초점을 두고 반응해주세요. 아이는 밖에 나가 친구들에게 엄마가 자신에게 했던 행동을 똑같이 합니다.

둘째, 아이의 성향을 점검해보세요. 항상 곧이곧대로 행동하는 아이라면 자신이 생각한 원칙에서 벗어나는 행동을 이해하기 어렵습니다. 또한 전후 맥락 속에서 다른 사람의 행동을 이해하는 능력이 다소 부족하면 이해하려 노력하기보다 잘잘못을 가리는 데 집중하게 됩니다. 이럴 때는 "너는 이렇게 하는 게 맞다고 생각하고 지키는데 다른 아이가 그렇지 않아서 화가 나지?" 하며 아이의 답답한 마음에 공감해주고, "그런데 그 아이는 왜 그랬을 것 같아?"라고 그 아이 입장에서 한번 생각해볼 수 있도록 기회를 주세요. 타인의 입장에서 생각하는 연습 과정을 통해 다른 사람의 입장을 받아들이고 고려하는 조망 수용 능력이 발달합니다.

PART 4

우리 아이 사회성 키우기 프로젝트

상담을 할 때 종종 엄마들은 이렇게 말합니다. "제가 어릴 때 이런 교육을 받지 못해서 아이에게 친구 문제가 생기면 어떻게 대처해야 할지 잘 모르겠어요. 정말 힘들어요." "저도 어릴 때 친구하고 사귀는 게 힘들었어요. 이럴 때 제가 어떻게 해야 하나요?" "저도 중학교 때 집단따돌림을 당했는데 그게 아직까지도 상처로 남아 있어요. 혹시 내 아이도 그렇게 되면 어떻게 하지요?" 또 아이가 맞고 오면 "너도 때려!", "애들이 너를 그렇게 힘들게 하는 건 너를 질투하기 때문이야. 그냥 모르는 척해"라는 등의 부적절한 대안을 제시하는 엄마도 있습니다.

　이런 경우 아이들은 "엄마가 그렇게 하라고 했단 말이에요", "몰라요. 내일 엄마가 학교에 온다고 했어요. 그럼 괜찮겠지요, 뭐"라고 말하며 문제해결의 책임을 엄마에게 떠넘깁니다. 이처럼 사회성은 어른

이 됐다고 해서 완성되는 것도 아니고 그 문제를 남이 대신 해결해줄 수 있는 것도 아닙니다. 아이에게 특별한 발달상의 문제가 있지 않은 한, 사회성은 수많은 경험과 끊임없는 훈련을 통해 만들어집니다. 이제 우리에게 던져진 과제는 '어떻게 아이의 사회성을 잘 훈련시킬 것인가?'입니다. 여기 몇 가지 전략을 모아봤습니다.

부모의 양육태도를 점검하라

　부모가 어떤 양육태도를 보이고 어떤 태도로 사회성을 교육했는가에 따라 아이들의 사회성은 효과적으로 성장할 수도 있고 그렇지 않을 수도 있습니다. 일반적으로 엄마의 양육태도가 수용적, 애정적, 민주적일수록 아이는 또래 아이들에게 인기가 높고 자기표현도 잘하고 사회성도 좋아 대인관계가 원만합니다. 아빠가 아이의 발달에 적극적으로 개입하고 양육태도가 수용적, 자율적일 때도 아이의 사회성이 발달한다고 알려져 있습니다.

　이에 반해 부모가 통제적이거나 독재적 양육태도를 보이면 아이는 사교성이 떨어지고 독립심도 없고 책임감도 높지 않습니다. 과잉보호 분위기의 가정에서 자란 아이는 정서가 불안하고 사회적 상황에 대한 적응력이 떨어지고 독립심도 저하돼 전반적으로 사회성이 떨어집니다. 아이의 사회성을 높이기 위해서는 체벌보다는 애정이 필요합니다. 특히 유아기 때는 부모와의 관계를 통해 사회적 경험을 시작하기 때문에 부모의 가치관과 태도를 학습하고 따라 합니다. 따라서 부모는 자신의 양육태도를 반드시 점검해볼 필요가 있습니다.

친사회적인 행동을 보여줘라

유명한 심리학자 앨버트 밴듀라(Albert Bandura)는 네 살 아이들 그룹에 어떤 사람이 커다란 인형을 차고 때리는 모습이 담긴 영화를 보여줬습니다. 그다음 이 그룹의 3분의 1에게는 이런 행동을 한 사람이 상을 받는 내용을 보여줬고, 또 다른 3분의 1에게는 이런 행동을 한 사람이 처벌을 받는 내용을 보여줬습니다. 그리고 나머지 3분의 1에게는 상도 벌도 받지 않는 내용을 보여줬습니다. 이후 아이들에게 인형을 주고 공격성이 어떻게 나타나는지 측정했는데 재미있는 결과가 나왔습니다. 상을 받은 영화를 본 아이들에게서 공격성이 가장 많이 관찰됐고, 상도 처벌도 받지 않는 영화를 본 아이들은 중간 정도 수준의 공격성을 보였고, 처벌받는 영화를 본 아이들에게서 공격성이 가장 낮게 관찰됐습니다.

이 실험을 통해 우리는 아이들이 직접 경험한 것에서만 배우는 게 아니라 관찰만 해도 모방을 하고, 더 나아가 다른 사람이 상이나 벌을 받는 것을 보는 것만으로도 학습이 이뤄진다는 사실을 알 수 있습니다. 이를 관찰학습 또는 대리적 학습이라고 합니다. 아이들은 이처럼 관찰과 모방을 통해 공격성, 친사회적 행동 등을 배우는데 특히 영유아기 때는 특별한 보상과 처벌이 없어도 보고 듣는 것만으로도 사회적인 행동을 습득합니다.

내 아이에게 사회적 행동을 제대로 가르치고 싶다면 아이가 좋은 사회적 경험을 할 수 있도록 부모가 역할모델이 되어야 합니다. 아이들은 부모의 말보다는 행동을 통해서 더 많은 것을 배우고 깨닫기 때문입니다.

바깥세상을 경험시켜라

아이들에게는 엄마라는 어항 속에 안전하게 있어야 할 때가 있고 서서히 밖으로 나와 성장해야 할 때가 있습니다. 아이들은 자라면서 엄마에게서 분리되어 또래집단에서 사회생활을 해내야 하는 시기를 맞습니다. 하지만 연습이 안 돼 있으면 첫 걸음을 떼기 힘겨울 수 있습니다.

유치원 등 엄마와 분리되는 교육기관에서 적응을 잘 못해 상담센터에 오는 아이도 있습니다. 이런 문제를 보이는 대다수 아이들의 부모는 아이에게 여전히 밥을 떠먹여주고, 세수도 시켜주고, 아이의 행동하나하나에 간섭하고 친절하게 설명하면서 부모가 원하는 방향으로 아이를 이끌고 갑니다. 아이에게 명확한 한계점을 제시해주고 안 되는 상황을 견딜 수 있도록 훈련시키지도 못합니다. 어항 속에 있다가 갑자기 안 되는 것이 많고, 스스로 해야 할 것이 많아지는 강물로 나오면 아이들은 심장마비를 일으킵니다. 사회성이 꽃피기도 전에 떨어져버리는 것입니다.

따라서 부모는 더 이상 아이를 품속에만 데리고 있지 말고 바깥세상도 경험하도록 해줘야 합니다. 또래 아이들에게 거절도 당해보고 질서를 안 지켜 선생님에게 지적도 받아보게 해야 합니다. 이런 경험이 아이의 사회성을 좀 더 높여줄 것입니다.

Tip 아이의 사회성을 키우는 5가지 방법

1	직접적인 훈련을 시켜라	인사하는 방법, 식탁에서 밥 먹는 방법 등을 직접 가르친다. 예를 들어, 타인의 말을 잘 듣도록 하려면 다음과 같은 순서를 알려주고 연습을 시킨다. ① 조용히 앉게 한다. ② 무릎 위에 손을 올려놓게 한다. ③ 말하는 사람을 쳐다보게 한다. ④ 말하는 사람의 이야기를 듣게 한다. ⑤ 입을 다물고 있게 한다.
2	유익함을 가르쳐라	아이에게 '인사를 잘하거나 다른 사람에게 양보하면 칭찬을 받을 수 있다'처럼 사회성의 구체적인 유익함에 대해 알려준다.
3	적절히 보상하라	아이가 적절한 행동을 하면 따뜻한 미소와 칭찬, 안아주기와 같은 보상을 해줌으로써 친사회적인 행동을 강화시킨다.
4	모델역할이 되어줘라	아이 앞에서 다른 사람에게 인사하는 방법, 시장에서 가격을 흥정하는 방법 등을 보여주면서 갈등을 잘 조절하고 타인과 협상하는 모델이 되어준다. 아이는 부모의 모습을 보면서 자연스럽게 사회성을 배운다.
5	아이의 행동을 조절하라	친사회적이지 않은 아이의 행동을 제한하거나 벌을 줌으로써 행동을 조절해준다.

홈그라운드의 이점을 활용하라

"저는 아이를 밖에 데리고 나가고 싶어요. 운동도 시키고 싶은데 아이가 안 나가려고 해요. 아무리 즐거운 곳이라도 조금 시간이 지나면 집에 가자고 옷을 잡아끌어요." 이런 호소를 하는 엄마들이 의외로 많습니다. 친구들과 어울리는 것도 싫다고 하는 아이에게는 홈그라운드의 이점을 100퍼센트 활용해보는 것도 좋은 방법입니다.

아이에게 집은 가장 안전하고 자신을 보호해주는 홈그라운드입니다. 야구나 축구 경기를 할 때 선수들이 홈그라운드에서 더 힘을 얻듯 홈그라운드는 자신의 힘을 충분히 발휘할 수 있는 편안하고 익숙한 공간입니다.

이 방법을 쓸 때는 서서히 전략적으로 접근해야 합니다. 첫 번째 단계는 내 아이와 비슷한 성향의 아이 한 명을 물색해서 집에 초대하는 것입니다. 만일 유치원에 다니고 있다면 유치원 선생님에게 그런 친구를 소개해달라고 요청하고 그 아이 엄마에게 전화로 사정을 말한 뒤 집에 초대하면 됩니다. 그런 다음 점점 친구를 두 명, 세 명으로 늘려봅니다.

그러나 요즘 아이들은 함께 있어도 각자 컴퓨터 게임을 하느라고 놀이를 하지 않는 경우가 많습니다. 이럴 때는 엄마 아빠가 장난감이나 보드게임 등을 미리 준비해놓고 잠시 동안 함께 하면서 시동을 걸어주는 것도 좋습니다.

초등학교 3학년만 돼도 아이들이 학원을 많이 다녀서 이런 식의 접근을 하기 어렵습니다. 유치원이나 초등학교 1학년 정도까지는 이런 방법을 쓸 수 있으니 적극적으로 활용해보기 바랍니다. 아이들이 크면 좋아지려니 생각하고 방치하지 말고 좀 더 어릴 때 또래관계를 경험할 수 있는 기회를 많이 만들어줘야 합니다.

형제관계를 최대한 활용하라

아이에게 새로운 형제자매가 생기는 것은 마치 남편이 새 부인을 데리고 집에 와서 "여보, 그동안 당신 혼자 지내느라고 얼마나 심심했어. 내가 오늘 진짜 예쁜 다른 아내를 소개해줄게. 앞으로 친하게 잘 지내"라고 하는 것과 같다고들 이야기합니다. 생각만 해도 충격적인데 아이들이 이 정도의 충격을 받는다고 생각하면 안쓰러운 마음마저 듭니다. 특히 만 3~6세경에는 경쟁의식이 가장 민감하게 발달하기 때문에 애정을 빼앗겼다는 사실에 절망하고 분노합니다.

유치원에 다닐 시기에 있는 아이들은 한 시간 동안에도 어린 동생에게 10여 차례의 갈등을 느낀다고 합니다. 게다가 부모가 차별대우까지 한다고 느끼면 형제자매간 갈등은 더욱 깊어지게 됩니다. 그렇다면 과연 형제자매 관계는 아이들에게 고통만 줄까요? 아닙니다. 형제자매 관계는 사회성을 발달시키는 보석상자입니다. 아이들은 갈등을 해결하는 과정에서 문제해결 능력을 배우는데, 가족이 바로 이런 역할을 해줍니다. 싸우는 과정을 통해 자신이 다른 사람과는 다른 존재임을 알게 되는 등 자아 발달에 큰 도움이 됩니다. 아이들은 형제관계를 통해 사회생활에 필수적인 사회적 능력, 정서조절, 행동통제 기술은 물론 의사소통 능력도 배웁니다.

부부간의 갈등은 부모가 갈등 당사자이기 때문에 감정이 개입돼 조정하기가 쉽지 않습니다. 하지만 형제간의 갈등에서는 부모가 제3자이므로 객관적인 자세를 유지하면서 갈등을 조정할 수 있습니다. 부모가 갈등을 잘 중재할 수 있다면 형제간의 갈등은 아이들의 사회성 발달을 돕는 통로가 될 수 있습니다. 그러나 이 갈등을 부모가 잘 조정해주지 못하면 오히려 긍정적 사회관계 형성에 방해가 될 수 있습니다. 아이의 사회성을 위해 형제관계를 잘 활용하고 싶다면 이제부터 부모의 역할에 주목해야 합니다.

너무 어른 취급하거나 너무 어린애 취급하지 마라

보통 큰아이를 키울 때 엄마는 시행착오를 많이 겪습니다. 대표적인 것이 바로 동생 앞에서 큰아이를 어른 취급한다는 것입니다. 상담을 하다 보면 '둘째를 키우면서 보니 내가 큰아이를 얼마나 어른 취급했는지 알겠다'고 말하는 부모들이 있습니다. 특히 큰아이가 똑똑하면 어른 취급은 더 심해질 수 있습니다. 상대적으로 둘째는 어린애 취급을 받게 됩니다. 큰아이로서는 상당히 억울한 마음이 들 수도 있는 대목입니다.

이런 상황이 반복되면 형제간 갈등도 심해지지만 큰아이는 밖에 나가서 친구들하고 어울릴 때도 첫째 역할만 고집하고, 둘째 아이는 막내 역할을 고집해서 갈등이 생길 수 있습니다.

큰아이에게 돌봄에 대한 책임을 과도하게 지우지 마라

부모가 해야 할 일을 어린 나이부터 많이 감당하면 아이들에게 '부모화'라는 현상이 생깁니다. 이는 아이에게 우울감 등의 문제를 일으킬 수 있습니다. 따라서 아이가 감당할 수 있을 만큼만 엄마의 역할을 나눠줘야 합니다. 동생 돌보기를 과도하게 맡기면 큰아이에게는 동생이 예쁜 마음과 미운 마음이 동시에 생깁니다. 이렇게 부모화된 아이들은 대인관계에서도 자신이 다 책임지고 해결해야 한다는 생각에 과도하게 어른 역할을 하다가 스트레스를 받습니다. 이런 아이들은 겉으로는 친구가 많은 것처럼 보이지만 진짜 친구는 없습니다. 자신의 마음을 숨기고 남에게 맞추다 보니 개인적인 행복은 누리지 못합니다.

서로 다른 기질을 고려하고 존중하라

같은 부모 아래의 형제도 서로 다른 기질을 보입니다. 한 아이는 빠른 제트기 형인데 다른 아이는 거북이 형이라면 서로 다른 기질적 특성 때문에 스트레스를 받을 수 있습니다. 이를 그냥 방치하면 형제간 경쟁이 심해지고 다툼이 많아지게 됩니다. 따라서 서로 비교되지 않도록 조치를 취해줘야 합니다. 그 방법 중 하나는 서로 다른 활동을 시키는 것입니다. 예를 들어, 한 명은 피아노를 시키고 다른 한 명은 바이

올린을 시킵니다. 이렇게 하는 것이 서로에게 이점이 된다는 것을 알려주면 아이들은 이런 방법을 친구들에게도 적용할 수 있습니다. 서로 비교하고 경쟁하기보다는 엄마가 그렇게 했던 것처럼 "너는 노래를 잘하고, 나는 운동을 잘해" 하면서 서로의 차이점을 존중하고 받아들이게 됩니다.

서로의 영역에 침범하지 않도록 경계를 만들어줘라

빠르고 활발한 아이가 느리고 차분한 아이의 영역을 침범하는 일이 흔히 벌어집니다. 이런 상황을 방치하면 한 명은 항상 억울하고 피해를 당한 느낌을 받습니다. 예를 들어, 빠른 동생이 느린 언니의 장난감을 빼앗아버린다든지 놀이를 방해하는 등의 행동을 보일 수 있습니다. 이때 부모는 경계를 만들어줘야 합니다. 장난감을 뺏는 아이만 나무라면 아이들은 각각 가해자와 피해자가 되어 마음속에 억울함만 쌓이고, 피해자가 된 아이는 스스로 대처하는 법을 배우지 못합니다. 그러므로 한 아이만 나무라지 말고 서로에게 예의를 가르쳐야 합니다. 예를 들어 "잠깐! 이건 언니가 갖고 놀던 장난감 같은데 언니한테 물어봤어?", "언니한테 갖고 놀아도 되냐고 물어야 해"라는 식으로 현장에서 곧바로 개입해서 가르쳐야 합니다.

엄마의 개입을 경험한 아이는 밖에 나가서 친구들과 갈등이 생겼을 때 자신이 경험한 대로 문제를 해결할 수 있고, 다른 아이들 사이에 이런 분쟁이 생기면 엄마가 했던 것처럼 해결자의 역할을 해냅니다.

아이들 각자의 감정을 존중하고 표현하게 하라

싸움이 발생하면 현장에는 억울한 사람만 있을 뿐입니다. 서로 자기가 억울하다고 울어대는 통에 부모를 더욱 화나게 만들기도 합니다. 하지만 이해가 되기도 합니다. 아이들은 저마다 자신만의 이유를 갖고 행동하기 때문입니다. 싸움을 중재하려면 아이들의 마음을 먼저 헤아려야 합니다. 여기에는 세 가지 단계가 있습니다.

1단계 아이의 마음을 잘 읽는다.
예) "네가 그렇게 소리를 지르는 것을 보니 화가 단단히 났구나."

2단계 아이들이 자신의 감정을 엄마 앞에서 말로 표현할 수 있도록 기회를 준다.
예) "왜 그렇게 화가 났는지 엄마에게 자세하게 말해봐."

3단계 자신 안에 있는 분노를 건강하게 표현할 수 있도록 도와준다.
예) "동생을 때리면 안 돼. 그 대신 얼마나 화가 났는지 엄마한테 말로 해봐."
예) "화났다고 아주 큰 소리로 말해도 돼."
예) "네가 얼마나 화가 났는지 그림으로 그려봐."
예) "엄마가 베개를 들고 있을 테니 화가 난 만큼 쳐봐."

이런 방법으로 중재하고 나면 아이들의 싸움이 현저하게 줄어듭니다. 자신의 감정을 존중받고 말로 표현하는 연습을 한 아이는 밖에 나가서 친구들에게도 이런 태도를 취할 수 있습니다. 자신의 감정은 물론 친구들의 감정도 빨리 알아차리고 적절하게 말로 표현해냅니다. 이런 아이라면 누구라도 친구가 되고 싶어 할 것입니다.

작은 다툼은 스스로 해결할 수 있도록 기다려라

아이들은 서로 간에 발생하는 갈등을 통해 작은 사회생활을 경험합니다. 그리고 그 과정에서 서로 의사소통하거나 협상하면서 문제해결 방법을 터득합니다. 따라서 부모는 큰 싸움이 아닌 일상적인 다툼은 해결되리라는 믿음을 갖고 기다려줘야 합니다. 이렇게 믿고 기다리는 부모의 태도를 보며 아이는 문제를 스스로 해결할 수 있다는 믿음을 갖게 됩니다. 그리고 이런 자신감은 친구관계에도 그대로 적용되어 사소한 갈등에 상처받지 않게 해줍니다. 또한 갈등을 성공적으로 해결해본 경험으로 친구들과의 갈등도 자신 있게 해결해나갑니다.

외동이라면 친구와 만날 기회를 많이 만들어준다

외동아이를 키우는 부모는 "형제관계를 활용할 수 없는 외동아이는 어떻게 해야 하죠?"라는 질문을 자주 합니다. 형제관계가 사회성에 좋다고 해서 없는 동생을 어디서 데리고 올 수도 없는 일입니다.

그러나 이가 없으면 잇몸으로 산다고 대안은 있습니다. 친척이나 옆집 아이, 윗집 오빠나 언니를 활용하면 됩니다. 아이가 될 수 있는 한 많은 경험을 할 수 있도록 무대를 만들어주는 것이 좋습니다.

"형제끼리 너무 싸워요."

동생을 자꾸 때리는 아이, 타임아웃도 안 통하는 아이,
동생에게 양보만 하는 아이, 동생을 따돌리는 아이,
자기 물건은 건드리지도 못하게 하는 아이

 세 살 된 첫째가 한 살 동생을 자꾸 때려요. 어제도 동생이 자기 물건을 만 진다고 머리를 때리며 혼내더라고요. 너무 동생 편만 들어주는 것 같아 큰 아이 편을 들어줘야 할까 고민도 되지만 그러다가 친구들도 더 때릴까 봐 걱정이 됩니다.

아이들이 아직 많이 어려서 한창 힘들 때네요. 물론 아이들을 키우면서 이제는 좀 마음을 놓아도 되겠지 하는 시기는 없는 듯하지만요. 어떤 문제를 해결하려면 그 이유부터 알아야 합니다. 세 살 첫째의 마음을 한번 헤아려보지요.

① **아직은 자기 행동이 다른 사람에게 어떤 영향을 미치는지 정확히 알기 어렵다**

이 시기는 '동생을 때리면 동생이 운다'든지 '내 것을 빼앗기지 않으려면 밀어버려야 한다' 등 간단한 인과관계만 인지하고 이를 계속 시도하는 때입니다.

② **가만히 있기보다 소리 나고 움직이는 자극을 추구하려는 시기이다**

에너지가 넘쳐서 심심할 때 가만히 있는 동생을 때리기도 하고 물기도 하면서 상대방의 반응을 기다립니다.

③ **말로 감정을 표현해 해소할 수 없어서 행동으로 표현한다**

이처럼 먼저 행동의 이유를 살피고 말로 잘 표현해줘야 합니다. 만약 ①이나 ③에 해당한다면 "동생이 네 것 빼앗아서 그렇게 싫었어? 그래서 밀어버렸어?" 등처럼 표현해주세요. 그다음에 "그런데 그러면 동생이 다쳐"라고 말하며 그렇게 해서는 안 되는 이유를 아주 간단하게 표현해주세요. 그 후에는 대안을 제시하면 됩니다. 이제 막 세 살이 된 아이에게 적용할 수 있는 대안은 뭐가 있을까요? "그럴 때는 엄마를 불러"라고 하는 것도 좋겠습니다.

그런데 일반적으로 동생을 이렇게 때렸을 때 때린 손위 형제를 먼저 혼내면 그 자체만 보고 '아, 나에게 관심을 기울여주는구나'라고 오해할 수 있습니다. 그러니 이럴 때는 손위 형제는 무시하고 맞는 동생을 빨리 안고 "이런, 오빠(언니)가 싫다고 너를 때렸구나"라고 동생과 이야기하는 것이 좋습니다. 물론 아직 너무 어려서 잘 알아듣지는 못하겠지만 큰아이에게 간접적인 교육효과를 줄 수 있습니다. 이 과정에서 큰아이는 이런 행동을 하면 부모에게 그 어떤 관심도 받을 수 없다는 것을 알아갑니다. 그런 다음, 시간이 조금 지난 후에 큰아이의 마음을 읽어주고 안 되는 이유를 이야기하고 대안을 주는 훈육을 시도해보기 바랍니다.

만일 ②처럼 심심해서 이런 행동을 하는 거라면 "에이, 너 심심해서 그렇지. 이리와, 대신 엄마랑 이걸로 놀자"라고 관심을 전환시켜주는 것도 한 가지 방법입니다.

세 살, 두 살 연년생을 남매를 키우고 있습니다. 딸아이가 동생을 자꾸 밀어요. "넘어지면 엄청 아파, 동생 울면 엄마가 안아줘야 해서 너랑 같이 못 놀아줘"라고 타일러도 보고 '타임아웃'을 했는데도 계속 동생을 괴롭히네요.

아이들을 양육하고 훈육할 때는 가장 먼저 아이의 연령을 고려해야 합니다. 아이들의 발달시기를 잘 고려해야 아이를 이해할 수 있는데 그래야만 진정한 공감을 할 수 있습니다. 그렇다면 세 살 아이의 세계에서는 어떤 일이 일어날까요?

유아기에는 이것저것 탐색하고 간단한 인과관계를 경험하면서 인지가 발달하고, 정서도 점차 세분화되어 여러 가지 감정을 많이 느낍니다. 그러나 아직 다른 사람의 마음을 이해하는 능력과 조절 능력은 충분히 발달하지 않아서 다른 사람의 마음과 상황을 고려하며 자기 감정이나 행동을 조절하는 데에는 어려움을 겪습니다. 그러다 보니 부모가 이해하지 못하는 행동을 많이 하지요. 활동을 잠시 멈추게 하고 다른 장소에 격리해서 조용히 자기 행동을 돌아보게 하는 '타임아웃' 방법을 써도 그때뿐일 수 있습니다. 이럴 때는 아이에게 꾸준히 공감해주고, 큰 상처를 주지 않는 범위 내에서 제대로 훈육해야 합니다.

일단, 공감을 한번 해볼까요? 공감은 진정한 이해를 통해 이뤄집니다. 엄마가 아무리 혼내도 계속 동생을 민다면 분명 이유가 있을 겁니다. 동생과 이런 마찰이 있을 때에는 우선 몇 가지 사항을 점검해봐야 합니다.

① 심심한가

세 살 무렵에는 이제 자기 스스로 뭔가를 할 수 있다는 자율성이 형성되어 여러 가지를 시도해보려는 욕구가 커집니다. 그 과정에서 간단한 인과관계를 경험하고 '내가 이렇게 할 수 있구나' 하는 유능성을 느끼고 발휘하고자 합니다. 특히 남자아이들은 괜히 동생을 밀고 때리는 등의 행동을 하며 넘치는 에너지를 발산하기도 합니다. 때리면 울고, 밀면 넘어지는 반응을 보며 뭔가 결과가 발생하는 것에 관심을 기울이는 것이지요. 아이들은 심심할 때도 이런 간단한 자극을 추구하는 행동을 할 수 있습니다.

② 동생이 태어나면서 엄마가 변심했다고 느끼나

동생이 태어나면서 엄마의 양육태도가 바뀌고 놀아주는 시간의 양이 현저하게 줄었다면 동생이라는 존재 자체를 받아들이기 어렵겠지요. 오죽하면 심리학자 알프레드 아들러(Alfred Adler)가 첫째아이의 심정을 '폐위된 왕'으로 표현했겠습니까. 만약 아이가 말로 자신의 마음을 잘 표현할 수 있다면 동생을 미는 대신 "엄마, 왜 나랑 안 놀아주고 동생하고만 놀아? 엄마 미워", "동생이 없어졌으면 좋겠어" 등처럼 표현할 것입니다. 하지만 아직 어리면 자신의 감정을 정확히 인식하기 어려워서 뭔가 불편하긴 한데 이를 표현할 길이 없으니 계속 밀고 때리는 등의 부적절한 행동을 하게 되는 것입니다.

③ 동생이 자신의 일을 자꾸 방해한다고 느끼나

보통 상담실에 오는 아이들에게 "어떤 것 때문에 화가 나니?"라고 물으면 대부분 "동생이 내 말을 안 들어요", "동생이 나를 자꾸 방해해요. 내 걸 망가뜨려요"라는 이야기를 하곤 합니다. 특히 세 살 무렵의 아이는 다른 사람의 마음을 찬찬히 살피며 자기 감정을 조절하기 어렵습니다. 그러니 동생이 자기 것을 자꾸 망가뜨리고 방해한다고 생각되면 옆에만 와도 다가오지 못하게 미는 행동을 반복할 수 있습니다.

④ 이전부터 엄마와 건강한 애착을 형성하지 못했나

동생이 태어나기 전에도 엄마와 그렇게 친하지 않았는데 동생이 생기니 더더욱 엄마와 멀어졌다고 생각해도 동생의 존재를 쉽게 받아들일 수 없겠지요.

자, 이처럼 아이의 마음을 모르고 무조건 "하지 말라"고 하면 아이들은 말을 듣지 않습니다. 아이가 심심해서 그러는 거라면 "너 심심해서 그러지. 그러면 엄마한테 '놀아주세요' 하면 돼. 동생 밀면 엄마가 너 혼내느라고 너랑 못 놀게 되잖아"라고 말하고 "뭐하고 놀지 한번 골라봐" 한 후 진짜 놀이를 해줘야 합니다. 만약 ②, ④처럼 엄마와의 관계가 문제라면 평상시 엄마가 아이에게 따뜻한 관심을 보여주고 함께 놀아주는 시간의 양을 늘리고 질을 높여야 합니다. ③이 원인이라면 "동생이 자꾸 방해해서 동생이 오는 것도 싫구나. 엄마가 동생 잘 가르칠게. 동생아, 이건 누나 거야. 대신 동생은 엄마랑 ○○하면서 놀자"라고 큰아이 앞에서 동생에게 뭔가 가르치고 중재하는 모습을 보여주는 것이 좋습니다. 그다음 "이런 건 엄마한테 말해야 해. 네가 밀어버리면 엄마가 너를 자꾸 혼내게 되는데 엄마는 그러고 싶지 않거든"이라고 훈육해주세요.

첫째 딸은 순하고 모범생인 데 비해 둘째딸은 고집이 세고 원하는 대로 안 되면 울고 신경질을 부립니다. 그러다 보니 둘째는 자꾸 저에게 혼이 나고, 큰아이는 이런 모습을 보고는 동생에게 지레 양보하고 엄마가 화를 낼까 봐 눈치를 많이 봅니다. 다른 사람들도 큰아이를 착하다고 칭찬하다 보니 저도 자꾸 큰아이에게 양보하라고 하게 되네요. 큰아이가 스트레스를 받는 것 같고, 친구들에게도 무조건 양보만 하게 될까 봐 걱정됩니다.

아이가 순하고 모범적이면 기특하면서도 이런 특성 때문에 아이가 상처받지나 않을까 걱정되는 두 가지 마음이 생깁니다. 특히 동생에게 양보만 하고 있는 아이의 모습을 보면 더욱 고민될 겁니다. 그러나 이런 태도를 잘 중재해주면 큰아이와 둘째 아이 모두의 사회성 발달에 도움을 줄 수 있습니다.

첫째, 무엇보다 엄마의 공감적 태도가 중요합니다. "동생 때문에 화가 나지만 이걸 말로 하기 어려웠구나", "양보하고 싶지 않았는데 엄마한테 혼이 날까 봐 억지로 한거야? 이런……" 등 아이 스스로는 차마 하지 못했던 말을 당분간 엄마가 대신해줘서 자신의 부정적 감정이 비난받을 게 아니라 오히려 이해받을 수 있다는 확신이 들도록 해줘야 합니다.

둘째, 심하지 않은 갈등상황은 엄마가 개입하지 말고 아이들이 스스로 해결하도록 기회를 주세요. 엄마가 계속 끼어들면서 "양보해라", "양보하지 말아라"라고 훈수를 두지 말고 아이들끼리 해결할 수 있는 기회를 주기 바랍니다.

셋째, 행동의 결과만 칭찬하지 말고 노력하는 과정을 격려해주세요. "양보했구나. 착하다"처럼 결과만으로 '착하다, 나쁘다, 잘했다, 못했다' 평가하는 걸 줄이기 바랍니다. 대신 "양보하기 힘들었을 텐데 애썼네", "동생이 우는 게 싫어서 양보하기로 마음먹었구나"처럼 아이가 노력하고 애썼던 과정을 공감해주기 바랍니다.

넷째, "이럴 때 어떻게 해?"라고 물을 때 답을 주지 말고 아이에게 "네 마음은 어떠니?"라고 질문을 되돌려주세요. 스스로 판단하고 생각할 수 있는 기회, 말로 표현할 수 있는 기회를 주기 바랍니다. 예를 들어 동생이 너무 울어서 주기 싫은 것을 억지로 주는 상황인데 아이가 엄마에게 "어떻게 해?"라고 묻는다면 이건 주기 싫다는 뜻일 가능성이 큽니다. 이때 엄마가 "너는 어떻게 하고 싶은데?"라고 물으면 처음에는 "줘야지"라고 엄마가 원하는 답을 하겠지요. 그때 다시 한 번 "정말 그렇게 하고 싶니? 그게 아니라면 다른 방법이 있을 거야"라고 대안을 생각해볼 수 있도록 기회를 주세요. 이런 과정을 통해 아이는 갈등을 해결하고 협상하는 방법을 배워갑니다.

다섯째, 동생이 너무 떼를 부릴 때에는 이를 통제하는 건 엄마의 몫임을 알려주세요. 아이의 떼는 누가 조절해줘야 할까요? 언니가 아니라 엄마지요. "잠깐, 이건 동생이 어려서 그런 건데, 엄마가 잘 가르칠게"라고 명확히 선을 그어주기 바랍니다. 동생을 달래고 훈육하는 건 언니가 아니라 엄마 역할이라는 걸 알게 되면 언니는 좀 더 자유롭게 자기 의견을 이야기할 수 있습니다.

 아들은 일곱 살이고, 여동생은 세 살입니다. 오빠가 동생을 너무 싫어합니다. 친구들이 오면 동생을 따돌리고 심지어는 여동생을 공격하라고 시켜요. 그러다 보니 제가 늘 동생 편에 서게 되고, 아들을 혼내게 됩니다.

첫째, 아이의 두 마음을 잘 이해해주세요. 이 경우에는 오빠가 동생에게 두 가지 마음이 있지 않나 하는 생각이 듭니다. 좋기도 하지만 엄마의 사랑을 빼앗아가고 자신의 놀이나 일을 자꾸 방해하는 동생이 밉기도 한 마음 말입니다. 특히, 미운 마음이 더 많으면 이렇게 친구들과 연합해서 동생을 더 괴롭힐 수 있습니다. 그러므로 엄마가 일방적으로 동생 편을 들면 동생을 더 심하게 괴롭힐 수 있습니다.

둘째, 먼저 다친 동생에게 관심을 기울이고 첫째에게는 자기 행동을 생각하고 표현할 수 있는 기회를 주세요. 이런 다툼이 있을 때는 가해자보다는 피해자에게만 관심을 기울여주는 것이 좋습니다. 때린 오빠를 혼내는 건 조금 미루고 오빠에게는 아예 관심도 주지 말고 동생에게 초점을 맞춰보세요. "이런, 가만히 서 있었는데 오빠가 밀어서 넘어졌네. 어디 보자. 다친 곳은 없니? 앞으로는 밀지 않고 말로 할 수 있게 엄마가 오빠한테 잘 가르쳐야겠다"라고 동생에게 말하고 동생을 살펴보세요. 그러면 밀친 오빠는 소외감을 느끼면서 조금 진정됩니다. 그다음에 "어떻게 된 일인지 엄마에게 설명해볼래"라고 말해서 아이의 이야기를 듣고 "우리 집에서는 어쨌든 때리는 건 안 돼. 이건 엄마, 아빠가 함께 상의해서 만든 규칙이야"라는 식으로 훈육해보기 바랍니다.

셋째, 평소 틈틈이 보이는 긍정적인 관심이 아이를 더욱 건강하게 만듭니다. 평소에 아이가 긍정적인 행동을 하면 "동생이랑 이걸 함께 하고 있네" 하는 식으로 틈틈이 격려하는 것이 매우 중요합니다. 또 뭔가 혼자서 노력하고 애쓰고 있을 때도 아이의 노력을 격려해주세요. 이렇게 자신에게 긍정적인 관심이 많이 주어질 때, 동생을 괴롭히는 데서 벗어나 자신의 발전을 위해 더욱 애쓸 수 있습니다.

여섯 살, 세 살 자매를 키우고 있어요. 언니는 예민해서 자기 것은 건드리지도 못하게 하는데, 둘째는 언니를 무조건 따라 하려고 합니다. 큰아이를 그대로 내버려두면 친구들에게도 까칠하고 양보하지 않는 아이로 클까 봐 걱정됩니다.

상담을 받으러 오는 부모들 중 대부분은 동생은 손위 형제를 너무 좋아해서 쫓아다니는데 손위 형제는 동생을 싫어하고 귀찮아한다는 이야기를 합니다. 이는 아마 폐위된 왕이 된 큰아이가 자신의 자리를 찬탈한 동생에 대한 섭섭함을 표현하는 행동이 아닐까 생각합니다. 이렇게 동생과 다툼이 심할 때는 친구관계에서도 공격성이 증가한다는 연구결과도 있습니다. 그런가 하면 오히려 이런 아이들이 밖에 나가서는 또래관계를 더 잘 맺는다는 연구결과도 있습니다. 관계에 대해 그만큼 고민하다 보니 어떻게 행동해야 하는지를 감각적으로 익히게 되기 때문 아닌가 합니다. 그러므로 형제간의 갈등이 사회성 발달에 긍정적인 역할을 하도록 만들려면 부모의 중재가 무엇보다 중요합니다. 둘째가 세 살이라면 엄마 말을 이해하고 들을 수 있는 연령이니 이를 잘 중재할 수 있을 겁니다.

첫째, 기본원칙을 잘 세워주세요. '누구든지 먼저 가지고 놀 때는 그 사람에게 허락을 받아야 한다' 같은 원칙을 만들어놓고 동생이 언니 것을 탐내면 "잠깐! 이건 언니한테 물어봐야 해"라고 이야기해주세요. 당연히 언니는 싫다고 할 겁니다. 그때 동생에게 "언니가 싫다는데, 그럼 대신 엄마랑 ○○하면서 놀까?"라고 대안을 주기 바랍니다.

그러면 오히려 언니가 함께 노는 데 관심을 가질 수 있습니다.

둘째, 언니가 동생과 함께할 때 그 마음을 잘 격려해주세요. 만일 언니가 동생과 함께 놀고 있거나 뭔가를 배려한다면 격려해주기 바랍니다. 착하다는 등 아이의 인격에 초점을 둔 칭찬은 되도록 하지 않는 편이 좋습니다. 그러면 아이는 동생과 놀지 않을 때는 나쁜 아이라는 생각이 들어, 동생을 더 부담스러워할 수 있습니다.

셋째, 함께라서 더 즐거운 경험을 하게 해주세요. 엄마와 셋이서 놀이하는 시간을 가져서 함께하면 더 즐거울 수 있다는 경험을 줄 필요가 있습니다.

넷째, 언니에게 의무만 강조하지 말고 권리도 보장해주세요. '언니니까 양보해야 한다', '돌봐야 한다' 등 의무만 강조하면 부담을 느껴 더 동생과 함께하기 어렵습니다. '언니니까 엄마랑 ○○을 더 할 수 있다'는 식으로 자신의 권리를 보장받는다고 느낄 때 동생에게 더 너그러워질 수 있습니다.

나이 차이가 많이 나도, 나이 차이가 별로 나지 않아도 형제관계는 참 미묘하고 이를 중재하기 어려울 때가 많습니다. 하지만 이런 관계를 통해 아이의 사회성이 더 발달할 수 있으니 잘 중재해주기 바랍니다.

내 아이의 강점과 약점을 파악하라

　부모가 먼저 아이를 잘 파악하고 있어야 적절한 교육을 할 수 있습니다. 내 아이가 사회성 영역에서 잘하고 있는 점은 무엇인지, 또 부족한 점은 무엇인지 살펴봐야 합니다. 사회성과 관련된 행동을 반드시 또래 아이들과의 관계에서만 관찰할 수 있는 것은 아닙니다. 평소 동생을 대하는 태도만 봐도 아이의 사회성이 어떤 강점과 약점을 가지고 있는지 파악할 수 있습니다. 미셸 보바(Michele Borba) 박사는 《1% 똑똑한 아이로 키우는 좋은 엄마》라는 책에서 다음과 같은 행동이 나타난다면 아이가 사회성에 어려움을 겪고 있는 것으로 봐도 된다고 말했습니다.

- 차례를 지키지 못한다.
- 친구가 없다.

- 협동을 하지 못한다.
- 다른 사람의 감정에 거의 공감을 하지 못한다.
- 게임을 할 때 기술이 부족하다.
- 다른 아이와 함께 있는 것을 좋아하지 않는다.
- 너무 경쟁적이다.
- 너무 어리게 행동한다.
- 너무 애늙은이처럼 행동한다.
- 장난감을 끌어모아놓고는 다른 아이들과 나누지 않는다.
- 무례하게 행동한다.
- 게임에서 질 때마다 항상 봐달라고 한다.
- 다른 아이에게 너무 밀착되어 있거나 너무 멀리 떨어져 있다.
- 항상 자기 마음대로 하려고 한다.
- 뾰로통하고 부정적인 표현을 자주 한다.
- 목소리가 크며 투덜대고 친절하지 않다.
- 계속 비판을 해댄다.
- 다른 사람의 말은 전혀 듣지 않고 끼어든다.
- 다른 사람의 행동에 끼어든다.
- 대화를 어떻게 시작하고 끝내야 하는지 잘 모른다.
- 대화를 어떻게 유지해야 하는지 잘 모른다.
- 집단에 어떻게 참여해야 하는지 잘 몰라서 망설인다.
- 갈등을 제대로 조정하지 못한다.
- 공격적인 놀이를 한다.

- 절대로 협상을 하지 않는다.
- 따지기를 좋아한다.
- 사과하지도 않고 행동을 고치지도 않는다.
- 또래 아이들에게 주의를 기울이지 않는다.
- 눈을 마주치지 않는다.
- 게임이 끝나기도 전에 그만둔다.
- 중간에 게임 규칙을 바꾼다.
- 쉽게 흥분하고 화를 낸다.

혹시 내 아이의 행동이 앞의 목록 중에 여러 개에 해당된다면, 사회성 발달에 빨간불이 들어왔다고 봐도 됩니다. 아이가 어떤 행동을 잘하지 못하는지 그리고 앞서 언급한 사회성의 키워드, 즉 기질, 애착, 정서지능, 자기조절, 자존감, 도덕성의 영역 중 어디에 구멍이 뚫렸는지 살펴보고 부모의 양육태도를 적절하게 교정해야 합니다. 그다음 아이의 약점을 찾아서 훈련시키면 됩니다.

놀이를 활용해 단계별로 접근하라

사회성 발달에도 순서가 있습니다. 걸음마를 하는 아이에게 뛰라고 강요할 수 없는 것처럼 사회성도 차근차근 단계를 밟아가면서 발달하도록 도와야 합니다. 사회성 발달 상황은 다음 세 단계로 나누어 살펴볼 수 있습니다.

기초 단계 지시 따르기, 인사 나누기, 다른 사람에게 관심 보이기, 대화에 참여하기, 거절하기 등

중간 단계 분노 조절하기, 칭찬 받아들이기, 도움 요청하기, 대화 시작하고 끝내기, 질문하기, 적절한 음성과 표정 만들기, 규칙 지키기, 남 도와주기, 다른 사람의 말 경청하기, 식사예절과 전화예절 지키기 등

고급 단계 충동 조절하기, 사회적 상황 파악하기, 협상하기, 적절하게 감정 표현하기, 감정 조절하기, 실패 견뎌내기, 놀림에 대처하기, 스

포츠맨십 발휘하기, 갈등 해결하기, 공감하기, 시간 관리하기 등

이렇듯 사회적 기술이 고급 단계로 발달할수록 좀 더 세심하고 복잡한 능력이 요구됩니다. 따라서 기초 단계부터 차근차근 훈련시키는 것이 좋습니다. 이때 놀이를 활용하면 좀 더 즐겁고 편안하게 접근할 수 있습니다. 다른 사람의 이야기를 잘 듣고, 자신의 의견을 주장하고, 효과적으로 요청하는 등 사회성 발달에 필요한 행동을 가르칠 수 있는 몇 가지 놀이를 소개하도록 하겠습니다.

재미있는 이야기를 들려주고 그 내용에 대해 질문하기

예를 들어, 《아기돼지 삼형제》 이야기를 들려준 다음 "짚으로 집을 지은 돼지는 누구야?" 하며 내용에 대한 질문을 합니다. 이때 난이도가 다른 몇 가지 질문을 해보면서 아이의 이해 수준을 파악한 다음 질문을 이어갑니다. 너무 어려운 질문을 하면 아이가 게임에 싫증을 낼 수 있습니다.

'청기 올려! 백기 올려!' 게임

1단계   청기 올려! 백기 올려!
2단계   고양이 올려! 강아지 올려!
3단계   야옹이 올려! 멍멍이 올려!

처음에는 청기, 백기로 시작한 후 점차 다양한 이름을 이용해 게임

을 진행합니다. '야옹이', '멍멍이' 등의 단어를 외칠 때는 가만히 있어야 하고 '야옹이 올려!', '멍멍이 올려!' 등 완전한 명령어를 외칠 때만 움직인다는 규칙을 정해놓아야 합니다. 이 게임을 통해 다른 사람의 말을 끝까지 듣는 연습을 할 수 있습니다.

'시장에 가면' 게임

앞사람이 이야기한 내용을 그대로 따라서 말하고 자신의 것을 추가합니다. 예를 들어 앞사람이 '시장에 가면 두부도 있고'라고 말하면 그 다음 사람은 '시장에 가면 두부도 있고, 바나나도 있고' 하는 식으로 계속 말을 이어갑니다. 틀리거나 잊어버리는 사람이 나오면 그 사람이 지는 게임입니다. 이 게임을 '문방구에 가면', '백화점에 가면' 등으로 장소를 바꿔서 할 수도 있습니다. 이 놀이를 통해 아이는 앞사람의 이야기를 주의해서 듣고, 기억하고, 생각하는 훈련을 할 수 있습니다.

끝말잇기

아이와 가장 쉽게 해볼 수 있는 게임으로, 앞사람이 말한 단어의 맨 끝 글자로 시작되는 단어를 말하면 됩니다. 이 게임을 할 때는 아이의 어휘력을 감안해서 아이가 계속 게임을 이어갈 수 있도록 단어를 잘 선택해야 합니다. 너무 어려운 단어를 제시하면 아이가 끝말을 이어갈 수 없습니다.

어휘력이 많이 부족한 아이와 게임을 할 때는 규칙을 완화해서 재미있게 이끌어가야 합니다. 예를 들어 '고드름'이라는 단어가 나왔다면 아이가 '름'으로 시작하는 단어를 말하기 힘듭니다. 이때는 '드'로 시작하는 단어를 말하도록 해서 '드럼' 등의 단어를 말할 수 있도록 유도하거나 소리나 몸짓 등으로 힌트를 주는 게 좋습니다. 무엇보다 게임을 이어가는 것이 중요합니다.

다른 사람이 제시한 단어의 뜻을 아이가 잘 모를 경우, 단어의 뜻을 간단히 설명해줘도 됩니다. 이 게임을 통해 아이는 다른 사람의 말을 집중해서 듣는 능력과 어휘력을 향상시킬 수 있습니다.

단어에 박수치기

① 책을 한 권 정한다. (예:《토끼와 거북이》)
② 특정한 단어를 한 개 정한다. (예: 거북이)
③ 책을 읽어주면서 함께 정한 단어가 나올 때마다 박수를 치게 한다.
④ 박수를 치는 대신 가만히 듣고 있다가 함께 정한 단어가 몇 번 나오는지 맞히게 한다.

내용이 너무 길지 않고 잘 알고 있는 재미있는 책으로 골라 아이가 게임에 집중할 수 있도록 해줍니다. 또 아이가 잘 아는 동요를 정해서 게임을 진행할 수도 있습니다. 이 게임을 하면 긴 문장 속에서 특정 단어를 찾기 위해 집중하게 되므로 아이의 듣는 능력이 향상됩니다.

스피드퀴즈

단어 카드를 활용해 설명하고 맞히는 게임입니다. 이때 엄마는 아이의 어휘력 수준을 파악해 단어를 맞히는 시간을 조정하거나, 설명하기 쉬운 단어로 시작해 단어의 난이도를 높여가면서 아이가 게임에 흥미를 느낄 수 있도록 해야 합니다.

이 게임은 짧은 시간 내에 상대방에게 단어를 설명하고 들어야 하므로, 아이가 자신의 생각을 빨리 정리해서 잘 전달할 수 있도록 도와줍니다.

'가라사대' 게임

'가라사대'라는 말을 먼저 한 다음에 지시할 때만 지시를 따르고 '가라사대'라고 말하지 않고 지시할 때는 가만히 있는 게임입니다. 비슷한 동작을 반복적으로 지시하면 재미가 없을 수도 있습니다. 이 때 엄마 또는 진행자가 "가라사대, 고릴라처럼 가슴을 쿵쾅쿵쾅 두드려!", "가라사대, 왼손 들고, 오른발 들고, 오른손으로 머리를 긁어!" 등의 다양한 동작을 지시해서 아이가 동작에 대한 생각을 확장할 수 있도록 도와야 합니다.

아이는 이 게임을 통해 상대방을 움직이게 할 다양한 행동을 생각하게 되고, 자신의 지시에 따라 여러 사람을 이끄는 연습을 하게 됩니다.

그림 설명하기

재미있는 자세나 동작이 담긴 그림이나 사진을 여러 장 준비합니다. 그러고 한 아이에게 그림(사진)을 보여주며 그림 속 주인공이 어떤 행동을 하고 있는지 기억하게 한 뒤 다른 아이에게 그림 속 주인공의 자세 또는 동작을 말로 설명하게 합니다. 다른 아이는 아이가 설명한 대로 자세를 취하거나 동작을 합니다. 이때 그림과 비교해 자세나 동작이 잘 표현되었으면 설명한 아이에게 상을 줍니다. 이 게임을 통해 아이는 기억한 이미지를 언어로 표현하고, 그 표현이 잘 구현되도록 다른 아이에게 요청하는 연습을 자연스레 하게 됩니다.

이 밖에 가장 화가 났던 일, 속상했던 일, 사랑과 행복을 느꼈던 일, 가장 기뻤던 일에 대해 그림 그려보게 하기, 거울 앞에 서서 거울 속 자신과 대화 나눠보기, 나를 표현할 수 있는 스무 문장 적어보기 등의 놀이 활동을 통해서 아이가 자신의 마음을 잘 표현하도록 도울 수 있습니다.

Tip 울음으로 모든 것을 해결하는 아이 지도하기

① 계속 이런 행동을 하는 데에는 분명 이유가 있다. 그 이유를 잘 찾아서 해결해준다. 언어표현이 부족해서인지, 관심을 더 받고 싶어서인지 이유를 찾아본다.
② 처음에는 이해하고 넘어가지만 그다음에는 말로 해야 한다는 것을 교육시킨다.
③ 관심을 끌기 위한 행동이라면 무시한다.
④ 울면서 이야기할 때 혼내기보다는 울지 않고 이야기할 때 칭찬하고 격려해준다.

친구 사귀는 법을 가르쳐라

3학년인 현수는 친구를 사귀기 어려워서 상담을 받기 시작했습니다. 엄마도 이런 현수에게 측은한 마음이 들었고 어떻게 대처해야 할지 몰라 울기도 했습니다. 현수는 학교에서 주도권을 잡고 있는 민철이와 갈등이 생기면서 다른 아이들과도 거리가 멀어졌다고 생각하고 있습니다. 아이들이 모두 민철이 편이고 자신의 친구는 거의 없다며 억울해했고, 민철이가 자신을 따돌리는 이유는 자신이 공부를 잘하기 때문에 질투하는 것이라고 생각했습니다.

친구를 사귀는 데에는 수없이 많은 사회적 기술이 필요합니다. 현수의 어려움은 바로 이런 사회적 기술의 부족에서 온 것입니다. 현수는 대화하는 중에 궁금증이 생기면 상대방의 말을 끊고 질문을 했고, 그러면서도 대답은 끝까지 듣지 않았습니다. 자기 말이 끝나면 딴짓을 해버리고 제가 하는 말에는 귀 기울이지 않았습니다. 말투도 신경질적이고 상대방의 감정을 제대로 이해하지 못해서 "선생님이 말하는데 다른 곳을 보고 있으니 말할 기분이 안 든다"고 말하면 "그럼 이야기하지 마세요"라는 식으로 짜증스럽게 대응했습니다.

"민철이가 너에게 그렇게 행동하는 이유가 무엇인 것 같니?"라고 물으면 억울함이 가득 담긴 목소리로 버럭 화를 내면서 "난 3개월 동안 민철이가 해달라는 것 다 해줬다고요. 그래도 안 되는데 어쩌라고요. 내가 공부를 잘하니까 나한테 질투하는 거예요"라고 말해서 더 이상 대화를 이어가기 어려웠습니다. 현수의 논리대로라면 1등을 하는 아이는 모두 따돌림을 당해야 합니다. 그래서 제가 "공부를 잘하면서도 인기 있는 아이들도 많이 있잖아"라고 하자 "그래도 민철이는 그런 거예요. 엄마도 그렇게 말했어요"라면서 자신의 판단을 전혀 굽히지 않았습니다. 벌컥벌컥 쉽게 화를 내서 다루기도 쉽지 않았습니다. 학교에서도 이렇게 반응하고 대화한다면 친구들이 좋아할 리 없습니다.

그러나 이런 점은 현수 엄마도 마찬가지여서 현수와 갈등을 일으키는 반 아이들의 엄마들과 잘 지내지 못하고 계속 마찰을 일으키는 상황이었습니다. 엄마는 아이와 대화하는 방법도 모르겠고, 아이가 자꾸 화를 내서 대화를 끌고 가기 어렵다고 말했습니다. 저는 현수와 엄마 모두에게 사회성을 증진하고 연습할 수 있는 숙제가 절실하다고 판단했습니다. 그래서 상담 과정에서 파악한 현수와 현수 엄마의 사회성 약점을 중심으로 일주일 동안 함께 연습하고 올 내용을 적어줬습니다.

- 대화를 할 때 눈을 보면서 고개를 적당히 끄떡이기
- 이야기하는 사람 마음 잘 이해해주기
  예) "정말 화가 났겠다." "정말 재미있었겠는데."
- 자기 말만 하고 다른 곳 쳐다보지 말고 다른 사람의 이야기 끝까지 듣기
- 하루에 칭찬 한 가지씩 하기

현수는 네 번째 과제에 강하게 이의를 제기했습니다. 왜 민철이를 칭찬해야 하냐는 것이었습니다. "민철이가 너를 질투하지만 오히려 네가 칭찬해주면 민철이는 경계심을 풀고 너에게 마음을 열게 된단다. 이게 칭찬의 비밀이야. 민철이에게 당장 하기 어려우면 이번 주에는 엄마에게 하루에 한 가지씩 칭찬하는 연습을 하고 와"라고 설명하자 어느 정도 수긍하는 눈치였습니다. 그러고는 "이런 연습을 하면 많이 좋아질 수 있어. 애써보자"라고 말했습니다. 엄마와 현수는 숙제가 적힌 종이를 소중하게 들고 상담실 밖으로 나갔습니다.

물론 일주일 동안 연습한다고 해서 아이의 사회성이 갑자기 좋아지는 것은 아닙니다. 그러나 당장 학교 가는 것이 힘들어서 울고, 가위에 눌릴 정도로 스트레스를 받고 있는 현수에게는 좋아질 수 있다는 말이 큰 희망이 된 듯합니다. 사회성은 부모의 양육태도를 교정하고 세부적인 기술을 가르치고 훈련시키면 반드시 좋아질 수 있습니다.

Tip 사회성 교육에 도움이 되는 다양한 방법

대화를 지속하는 방법	① 눈을 마주친다. ② 다른 사람이 말하고 있는 내용에 대해 코멘트를 한다. ③ 다른 사람이 말하고 있는 내용에 대한 질문을 한다. ④ 자신이 잘 듣고 있다는 것을 알 수 있도록 고개를 끄떡인다. ⑤ 다른 사람이 말하고 있는 내용과 관련된 질문을 한다.
대화를 할 때 피해야 할 태도	① 다른 사람이 지루하다는 표현을 하는데도 계속 말을 한다. ② 아무 말도 하지 않는다. ③ 너무 자세하게 말한다. ④ 대화와 상관없는 질문을 하거나 코멘트를 한다. ⑤ 다른 사람이 이야기하는데 끼어든다.
게임을 할 때 지켜야 할 태도	① 친구가 무슨 게임을 하고 싶은지 묻고 두 사람이 함께 하고 싶은 게임을 선택한다. ② 게임은 신중하게 선택하고 최선을 다해 참여한다. ③ 다른 사람이 최선을 다해 게임을 할 수 있도록 격려한다. ④ 다른 사람이 이기면 축하한다. ⑤ 다른 사람이 졌을 때는 격려한다. ⑥ 순서를 잘 기다린다. ⑦ 게임 시작 전에 규칙을 정하고 절대로 바꾸지 않는다. ⑧ 자신의 팀이 졌을 때 조용히 한다. ⑨ 자신의 팀이 이겼을 때 허풍을 떨지 않는다. ⑩ 심판을 보는 사람이 내린 판정을 받아들인다.
공감을 표현하는 방법	① 다른 사람의 감정을 명확하게 안다. ② 다른 사람이 말하는 것에 주의를 기울인다. ③ 대화에서 이해한 것을 그 친구에게 반영해준다. ④ 그 상황에 맞는 표정을 짓는다. 이를 위해 간단한 상황을 주고 아이와 역할놀이를 해도 좋다.

화가 날 때 진정시키는 방법	① 멈춰 서서 10까지 센다. ② 심호흡을 세 번 한다. ③ 기분이 좋아지는 일을 한다. ④ 다른 사람에게 기분을 설명한다. 　"나는 슬퍼. 왜냐하면……." 　"나는 화가 나. 왜냐하면……."
인사하는 방법	① 먼저 상대방을 보고 웃는다. ② 명랑한 음성과 명확하고 적절한 톤을 사용한다. ③ 자신의 이름을 소개한다. ④ 헤어질 때는 친구의 이름을 부르면서 '만나서 반가웠다'는 말을 해준다.
거절을 표현하는 방법	① 거절의사를 확실히 밝힌다. ② 간단히 거절하고, 이유에 대한 변명은 하지 않는 것이 좋다. ③ 침묵이 필요하면 그렇게 한다. ④ 일단 거절의사를 밝혔어도 마음을 다시 바꿀 수는 있다. ⑤ 조용한 몸짓과 목소리로 말한다. ⑥ 다른 방법을 제시할 수도 있다.
도움을 요청하는 방법	① 원하는 것에 대해 명확하고 구체적으로 말한다. ② 만일 요청이 거절되면 대안을 물어본다. ③ 상대방이 거절할 수도 있다는 것을 받아들인다. ④ 상대방의 대답에 대한 자신의 태도(감사, 실망, 수용 등)를 표현한다. ⑤ 거절했다고 해서 나 자신을 거절한 것은 아니라는 것을 안다.
문제를 해결하는 방법	① 무엇이 문제인지 알아본다. ② 서로 원하는 것이 무엇인지 체크해본다. ③ 실현 가능한 것이 무엇인지 평가해본다. ④ 가장 좋은 해결 방법을 선택한다. ⑤ 어떻게 실천할지 결정한다. ⑥ 해결 방법이 효과적이었는지 점검해본다.

관계를 유지하는 법을 가르쳐라

 사회성 좋은 아이가 되려면 친구를 잘 사귀어야 하고, 그다음에는 관계를 잘 유지해나가야 합니다. 상담을 하는 아이들 중에는 학기 초에는 친구들이 많지만 며칠 지나면 썰물처럼 아이들이 사라진다고 속상해하는 경우가 많습니다. 관계는 잘 맺지만 유지에는 서툴기 때문입니다. 아이가 친구와의 관계를 잘 유지하게 하려면 부모가 아이에게 좋은 모델을 보여주고 배우도록 해야 합니다.

부모와 자녀가 좋은 관계 만드는 방법
- 아이와 즐거운 시간을 많이 갖는다.
- 아이의 감정을 빨리 알아주고 말로 표현해준다.
- 아이와 함께 게임이나 운동을 한다.
- 아이의 특별한 날을 잘 기억하고 기념해준다.

- 휴가를 함께 계획하고 실천한다.

아이와 함께 좋아하는 행동과 싫어하는 행동에 대해 이야기하는 것도 좋은 방법입니다. 브레인스토밍을 하며 아이와 함께 생각나는 대로 이야기해보는 자유토론 시간을 마련해봅니다. 이때 중요한 원칙은 상대를 비판하거나 편잔하지 않고 자신의 생각만 표현하는 것입니다. 이런 대화 과정을 통해 창의적이면서도 진심이 담긴 이야기를 나눌 수 있습니다. 아이와 부모가 함께 대화한 내용을 목록으로 만들어 적어두면 아이들이 사회적으로 좋은 행동에 대한 통찰을 얻을 수 있습니다.

아이와 함께 대화를 나눌 때는 적절한 표현으로 자기주장을 할 수 있도록 도와줘야 합니다. 너무 큰 소리로 대화에 끼어들면서 자기 말만 하는 것은 실례입니다. 자신의 의견을 펼칠 때는 징징거리거나 다

 Tip 아이들이 좋아하는 행동 vs. 싫어하는 행동

좋아하는 행동	싫어하는 행동
• 즐거운 목소리 • 칭찬 • 유머감각 • 친절하게 설명하기 • 이유 잘 설명하기 • 예의 바른 행동 • 도움 적절히 요청하기 • 남 잘 도와주기	• 너무 큰 목소리 • 다른 아이의 잘못만 지적하고 탓하기 • 비판하기 • 말할 기회 주지 않기 • 불쾌하게 신체적으로 접촉하기 • 욕하기 • 공격하거나 물건 부수기 • 남의 말 이해하지 않으려고 하기

른 사람을 공격하는 일이 없어야 합니다. 싫어하는 행동, 예의에 어긋나는 행동을 하지 않아야 타인과 관계를 유지하고 제대로 어울릴 수 있습니다.

집단따돌림에 대처하기

중학교 1학년 아들이 집단따돌림과 폭력을 당하고 있다는 걸 몰랐던 엄마는 아이가 계속 돈을 달라고 하자 혼만 냈습니다. 그러던 어느 날, 매를 흠씬 맞고 들어온 아들이 충격적인 사실을 털어놨습니다. 매일 친구들에게 돈을 상납하지 못하면 구타와 욕설이 가해졌다는 것이었습니다. 결국 아들은 휴학하고 정신과 치료를 받게 됐고 엄마도 공황장애 치료를 받았습니다. 이는 실제로 일어났던 일입니다.

이처럼 초·중·고등학교에서는 어른들의 폭력 못지않은 집단따돌림이 발생해 아이들이 자살하고 정신과 치료 및 상담을 받는 일이 속출하고 있습니다. 그러나 이러한 상황은 어제오늘의 문제도 아니고 중학교 학생들만의 문제도 아닙니다. 최근 들어 아이들이 자살하는 극단적 사건이 자주 생기자 각종 언론매체에서 토론회도 열고, 이와 관련된 사건을 집중 보도하고 있지만 집단따돌림은 이미 오래전부터 있어왔습니다. 하지만 최근 들어, 그 연령대가 점점 더 낮아지고 있다는 사실에 문제의 심각성이 있습니다. 이는 아이들이 사회성을 제대로 기르지 못했기 때문입니다. 사회성과 관련해 아이들에게 부족한 부분이 있다면 이를 보충하고 훈련시키는 노력을 게을리 하지 말아야 합니다.

사회적인 상황을 제대로 파악하지 못해서 학교생활에 약간의 어려움을 겪고 있는 6학년 서경이는 상담실에 와서 예전에 집단따돌림을 당했던 경험을 이야기했습니다. 왜 그런 일이 생겼는지 묻자 자신도 그 이유를 모르겠다고 대답했습니다. 집단따돌림을 당하는 아이들은 대부분 서경이처럼 그 이유를 모르겠다고 말합니다. 그러나 서경이는 상담을 계속하던 어느 날 "제가 좀 얄밉게 굴었어요. 그런데 지금은 안 그래요"라고 말했습니다. 서경이가 그렇게라도 이유를 찾아내서 말로 표현할 수 있게 된 것이 저로서는 큰 수확이었습니다. 아이들이 객관적으로 자신의 문제를 바라보기만 해도 문제의 반은 해결된 것이나 마찬가지입니다. 따돌림을 당하는 이유를 알면 해결책 찾아내기는 그리 어렵지 않기 때문입니다.

아이들이 말하지 않으면 부모는 아이들에게 무슨 일이 일어났는지 잘 모를 뿐만 아니라 아이들이 보내는 신호를 재빨리 파악하지 못해 문제를 더 악화시킬 수 있습니다. 아이가 친구들에게 놀림 또는 괴롭힘을 당하거나 집단따돌림의 대상이 되고 있다는 느낌이 들 때는 다음과 같은 태도가 필요합니다.

간과하지 말고 즉각 개입한다

아이가 괴롭힘을 당하고 있다는 고백을 했을 경우 그냥 넘어가면 안 됩니다. 그다지 심각하게 말하지 않았다 해도 아이는 이미 상처를 받고 있습니다. 그러므로 학교에 이런 상황을 재빨리 알리는 것이 중요합니다. 어른의 적절한 개입이 문제해결의 유일한 열쇠가 될 수 있습니다.

아이에게 대처기술을 가르친다

따돌리는 친구에게 분명하게 의사표현을 하도록 가르칩니다. "그만 해!"라고 말하는 것과 가만히 있는 것의 차이는 매우 큽니다. 그러나 애석하게도 괴롭히는 아이가 이런 말을 듣는다고 해서 순순히 "어이쿠, 내가 미안해. 다시는 안 그럴게"라고 말하지는 않습니다. 그러므로 괴롭힘에 대처하는 방법에 대해 반드시 알려줘야 합니다.

미셸 보바 박사는 《1% 똑똑한 아이로 키우는 좋은 엄마》에서 아이를 놀리고 괴롭히는 행동에 대처하는 몇 가지 방법을 다음과 같이 제시했습니다.

1단계: 괴롭히는 아이의 특성을 파악한다 친구를 괴롭히는 아이들은 자신에게 강력한 힘이 있다는 것을 확인하고 싶어 합니다. 이 아이들은 다른 아이의 마음을 뒤흔들어서 화나게 만들 수도 있고 울릴 수도 있다는 것을 증명하고 싶어 합니다. 그러므로 괴롭힘을 당할 때는 즉각적으로 또는 격렬하게 반응하면 안 됩니다. 그럴수록 괴롭히는 아이의 욕구가 충족되어 더욱 과격한 행동으로 이어질 수 있기 때문입니다.

2단계: 침착함을 유지하면서 아이들의 놀림에 반응하지 않는다 이런 일이 생길 때 아이들은 일단 침착함을 유지해야 합니다. 속으로 10까지 센다든지, 20부터 거꾸로 수를 세는 방법으로 즉각적인 반응을 자제해야 합니다.

3단계: 무시한다 놀리고 괴롭히는 아이를 무시하기란 결코 쉽지 않습니다. 그러나 계속 연습을 시키면 그 상황에서 효과적으로 행동할 수 있게 됩니다. 그 아이가 보이지 않는 것처럼 행동하기, 그 아이를 보지 않고 빨리 그 앞을 지나가기, 재빨리 다른 것 보고 웃기, 괴롭지 않은 척하기, 완전히 무관심한 것처럼 보이기 등과 같은 행동 전략을 연습하면 좋습니다. 연습은 실전에서 강한 힘을 발휘할 수 있도록 도와줍니다.

4단계: 허를 찌르는 말대답으로 응수한다 만일 친구가 "야, 너 안경 썼냐? 눈이 네 개네. 어이, 장애인!"이라고 놀린다면 무표정한 얼굴로 "이런, 난 한 번도 그렇게 생각해본 적이 없는데"라고 대답하거나, 오히려 그 아이의 의견에 동조해주는 방식을 쓸 수 있습니다. "정말?", "전에 다른 사람도 나한테 그렇게 말했는데"라는 식으로 놀리는 아이의 허를 찌르는 말대답으로 응수해주는 것입니다. 다른 아이가 놀릴 때 어떤 말을 하면 좋을지 엄마와 상의해보는 것도 좋습니다. 이런 방법은 초등학교 2학년 정도 돼야 사용할 수 있는데 침착하게 똑바로 상대의 얼굴을 보면서 똑 부러지게 말하고 그 자리를 떠나야 합니다. 그러나 몸싸움이 있거나 심각한 위협이 있는 상황에서는 이 방법이 불난 집에 기름을 붓는 격이 될 수도 있으니 상황에 맞게 사용해야 합니다.

 Tip 놀림받을 때 유용한 말대답

"그렇게 말해주다니 고마워."
"그 말 말고 다른 것은 생각할 수 없니?"
"그래서?"
"그래서 네가 말하고 싶은 것이 뭔데?"
"정말?"
"그 말은 내가 유치원에 다닐 때 이미 들었던 말이야."
"내가 몰랐던 것을 말해줄래?"